창조
경제
시 대 의
일자리

창조경제시대의 일자리

1판 1쇄 인쇄 | 2014년 11월 20일
1판 1쇄 발행 | 2014년 11월 28일

지은이 | 임상철
펴낸이 | 이희철
기획 | 출판기획전문 (주)엔터스코리아
편집 | 조일동
마케팅 | 임종호
펴낸곳 | 책이있는풍경
등록 | 제313-2004-00243호(2004년 10월 19일)
주소 | 서울시 마포구 월드컵로31길 62 1층
전화 | 02-394-7830(대)
팩스 | 02-394-7832
이메일 | chekpoong@naver.com
홈페이지 | www.chaekpung.com

ISBN 978-89-93616-42-2 93320

이 도서의 국립중앙도서관 출판시도서목록(CIP)은 서지정보유통지원시스템 홈페이지
(http://seoji.nl.go.kr)와 국가자료공동목록시스템(http://www.nl.go.kr/kolisnet)에
서 이용하실 수 있습니다.(CIP제어번호: CIP2014031570)

창조
경제
시대의
일자리

지은이 **임상철** 한국능률협회 이사

책/이/있/는/풍/경

머리말

카펫이 저 혼자 움직였다. 그것도 미세하게 움직이는 것이 아니라 위 아래로 구불구불하다가는 좌우로 마구 흔들리는 게 아닌가. 나는 놀라서 처음에는 '지진인가……?' 하고 고개를 갸웃하며 다시 보았다. 마찬가지로, 아니 더 심하게 카펫이 흔들리고 있었다. 한데 함께 복싱 경기를 보던 동료들은 아무 반응도 없는 게 아닌가.

왜 그럴까? 이상한 일이다.

나는 지진을 모두에게 알리고 함께 대피해야 한다고 생각했다. 소리를 질러야 했다.

"지진이다, 지진이야!"

다음 순간, 놀란 건 내 주변의 동료들이었다. …… 지진은 없었다. 나는 그 길로 병원에 실려가 거의 한 달간이나 입원해 있어야 했다.

언뜻 정신병인가 싶을 만큼 이상한 증상이었지만 정신에는 아무 문제가 없었다. 문제는 과로였다. 간 수치도 급상승해 있었다.

그러나 나는 그 '지진' 이외에는 아무런 자각 증상도 느끼지 못했다. 병원에서는 빨리 입원해야 한다고, 무슨 일을 몸이 이 지경이 될 때까지 했느냐고 화를 냈다.

벌써 16년의 세월이 흐른 1999년 초여름 무렵 일이다.

당시 나는 말 그대로 몸이 부서져라 미치도록 일하고 있었다. 그럴 수밖에 없었다. 아마 나 아닌 누구라도 그렇게 일하지 않을 수 없었을 것이다. 내 일신상의 영달이나 돈을 벌기 위해서가 아니었다. 내가 몸 담고 있던 한국능률협회가 여러 가지로 어려운 상황이기는 했지만 반드시 그 때문만도 아니었다.

그 전 해, 1997년 겨울에 들이닥친 IMF 사태는 우리나라에 엄청난 고통을 안겨주었다. 한국능률협회 회원사들뿐 아니라 온 나라의 기업들이 휘청거리거나 도산했고 그에 따라 대량 실업 사태가 발생했던 것이다. 서울역뿐 아니라 충무로에 나가봐도 전에 없던 노숙인들이 즐비했다. 뉴스에서는 매일 기업의 부도 사태와 실직자들에 관한 보도가 나오고 있었다.

그렇듯 파산한 기업과 실직한 사람들은 한때 한국능률협회의 회원사이기도 했고, 또 우리 협회에서 교육을 받기도 한 이들이었다. 그들이 벼랑 끝에 몰려 신음하고 있는 것을 그대로 보고 있을 수는 없었다.

1998년 1월 곤두박질치는 한국 경제와 사회적인 혼란이 가속화

되고 있을 때 한국능률협회는 새로운 변화를 만들어내고 실직자들에게 희망을 주기 위한 사업부를 출범시켰다.

직업전환센터가 바로 그것이다.

나는 새로운 직업 창출과 재취업 교육, 그리고 창업 지원 프로그램을 개발하고 운영하는 일을 맡았다. 약 30여 개의 새로운 직업 도전 프로그램과 창업 프로그램을 운영하며 실직자 재교육에 들어갔다. 그때 교육생으로 참여한 사람들 중에는 양복 안주머니에 유서를 품고 있던 이들도 여럿이었다. 심지어 농약병을 가방에 넣고 다니던 분도 있었다. 언젠가는 죽고 말겠다는 말을 스스로에게 다짐하듯 하는 이들도 있었다. 그 정도로 절망적인 분위기였다. 생과 사의 기로에 서 있는 시기였다. 내 온 힘을 다해 실의에 빠진 그들에게 새로운 희망과 재취업 의지를 마련해드리려 했지만……

한번은 이런 일도 있었다.

피곤한 얼굴로, 그래도 꼬박꼬박 강의에 참여했던 한 분이 여러 날 결석했다. 연락도 없었다. 그래서 전화를 드렸더니…… 그분 가족이 전화를 받는데, 며칠 전에 돌아가셨다는 것이다. 스스로 목숨을 끊었다는 사실을 뒤늦게 알았다. 죄책감이 밀려왔다. 강의를 듣고 식사하러 오가던 그분이 눈에 선했고, '그때 그분은 이런 심정으로 다니셨구나. 내가 조금 더 열심히 했더라면 어땠을까?' 하는 허탈감과 죄스러움으로 며칠을 잠도 못 자고 끙끙 앓았다. 그때의 그 충격과 가슴앓

이는 나를 더욱 분발시키는 계기가 되었다.

그들에게 어떻게 하면 희망을 줄 수 있을까…….

이런 생각이 들면 일을 멈출 수도 없었다. 그것은 나를 끝 간 데 없이 일에만 몰두하게 했다. 실질적인 도움이 될 수 있는 일자리를 만들자는 다짐 때문인지 세상이 그 전과는 전혀 다르게 보였다. 마치 나락에 떨어진 사람들 앞에서 강대한 적군을 맞이한 듯한 결사적인 책임감을 느끼지 않을 수 없었다.

전쟁처럼 치러낸 일의 보람은 차츰 나타나기 시작했다.

지금 수천 명이 직함을 걸고 활동하는 웨딩플래너도 그때 한국능률협회 직업전환센터에서 만든 새로운 직업이다. 천연비누 제조사도 그때 탄생해 비누업계와 인근 화장품업계까지 충격파를 던진 직업이고, 기업가치평가사, M&A 전문가 과정도 그때 만들어져 국가적으로 시급했던 필요 인력을 양성할 수 있었다.

그 외 무역전문가, 경영컨설턴트, 부동산전문가, 실전투자 전문가, 창업금융, 소자본창업, 펜션경영전문가 등 30여 개 과정을 정부 예산으로 만들고 운영하며, 실직한 이들이 다시 생활전선에 뛰어들 의욕과 재도전의 바탕을 마련해나갔다. 그런 시대를 겪으며 한국능률협회는 산업교육기관에서 평생교육기관으로 새로운 비전을 갖게 되었다.

나 개인적으로는 그때의 그 경험들이야말로 나를 키워준 스승의 회

초리와도 같았다. IMF는 우리나라 전체를 힘들게 했고 나를 쓰러질 정도로 일을 시킨 괴물이었다. 하지만 그 괴물이 나를 일자리 창출 전문가로 만들어주었고, 진로와 향후 직업 선택에 대한 고민으로 어려움을 겪고 있는 많은 이들에 대한 뜨거운 사명감을 불어넣어준 것을 역시 부인할 수 없다. 이 시대를 살아가는 어느 누구라도 나이가 들어감에 따라 실업과 마주해야 하는데, 바로 그때를 대비한 커리어 개발, 직업 개발의 중요성, 삶의 비전과 목적의식의 중요성을 나와 한국능률협회가 함께 깨달은 계기이기도 했다.

국가의 융성이나 쇠락이 국민 개개인에게 얼마나 큰 영향을 미치는가를 나는 뼈저리게 느꼈다. 우리는 평소에 국가라는 존재를 잘 느끼지 못하며 살아간다. 그러나 국가와 나, 국가와 개인은 얼마나 밀접한 존재인가……. 그것은 운명 공동체다. 월드컵 축구 응원 열기로 애국자가 되는 것은 아니다.

바야흐로 창조경제시대라고 한다.

경제를 창조한다? 이렇게 얘기하면 언뜻 감이 오지 않는다. 경제의 가장 미세한 단위를 생각해보자. 그것은 아마도 국민 각자가 생계를 해결하는 일자리가 아닐까. 개개의 단위 일자리야말로 경제의 세포가 아닐까. 가장 기본이 되는 것부터 생각해보면 창조경제의 밑바탕은 바로 고용이며 직업 개발이 아닐 수 없다.

감히 말하건대 나는 새로운 직업을 만들어 그것이 유사 산업계에 어떻게 융합하는지를 지켜봤고, 그러면서 보다 큰 차원에서 아이디어 하나가 어떻게 국가적으로 긍정적인 영향을 미치는지 피부로 느꼈으며, 심장으로 깨달았다.

이제는 그런 내 경험과 깨달음의 적용 범위를 더욱 넓혀 보다 값지게 쓰이도록 하고 싶다. 창직(創職)으로 실질적인 일자리 가치를 창출하고, 그럼으로써 고용률 70% 달성에 도움을 주고 싶다. 또한 우리나라 창조경제의 방향과 신직업 창출을 통한 고용증진 방안도 생생한 성공 경험을 바탕으로 쓴 이 책으로 공개 제안하고 싶다.

모쪼록 이 책이 새로운 일자리 창출이 절실한 창조경제시대, 청년들이 미래가 되어야 할 시대, 지역별 맞춤형 일자리를 만들어 지역주민들이 행복하고, 이를 통해 국민행복시대를 열어 갈 밀알의 역할을 하기를 바란다. 그것이 바로 창조경제의 첫걸음이라고 믿는다.

2014년 11월 여의도에서

임상철

Job
Creative
Thinking

C\O\N\T\E\N\T\S

머리말

1
Part

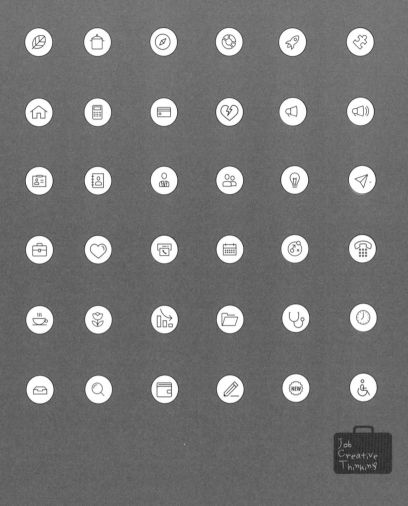

신직업 개발
생사의 갈림길에서

"돌격, 앞으로!"
가장 값진 악전고투의 시작

다양한 목표가 필요하고 생겨날 텐데 인프라가 없다니…….
그런 환경에 능동적으로 대처해나가야 해.

본격적으로 들어가기 전에 먼저 내가 몸담고 있는 한국능률협회KMA를 간략하게 소개함으로써 독자들의 이해를 돕고자 한다.

한국능률협회는 순수한 민간 주도로 설립된 교육·경영컨설팅 기관이다. 협회의 탄생과 함께 우리나라 기업들에도 교육과 경영 기법의 중요성이 부각되고 과학적인 경영관리 기법이 비로소 산업현장 곳곳에까지 도입되었다고 할 수 있다.

"경영능력이 없는 공장은 고철 덩어리에 불과하다"는 민간 경제계 선각자들의 결의와 실천 속에서 한국능률협회는 근 52년간 이 땅에 기업경영과 관련된 많은 부분을 선도하며 새로운 트렌드를 만들어 왔다.

한마디로 우리나라의 기업체들을 대상으로 효율적인 산업교육 및 경영컨설팅을 해온 것인데, 이러한 협회의 사업운영에 커다란 변화를 준 계기가 1997년 IMF 국가부도 위기 사태였다.

한국능률협회라고 해서 그 상황에서 자유로울 수는 없었다. 이론적으로야 기업이 어려울수록 직원교육과 연구개발에 더 많이 투자해야 한다고 하지만, 당장 문 닫아야 할 회사에서 그것은 탁상공론에 불과했다.

가정을 예로 들어도 그렇다. 가장이 힘들어지면 현실적으로는 자녀의 학원비부터 줄이게 마련이다. 기업도 마찬가지다. 기업이 어려워지면 가장 먼저 교육비에 손을 댄다. 그간 기업을 중심으로 교육해온 한국능률협회도 고객사의 부도와 경영악화로 어려움을 겪게 된 것이다.

그때 나는 이런 생각이 들었다.

'협회가 그동안 산업교육 중심으로만 달려왔구나. 그래서 기업이 힘드니까 함께 힘든 시기를 겪는 거구나. 우리 협회는 산업계 전체가 어려울 때일수록 그 해결책을 모색하며 위기 극복 컨설팅을 해야 하는 기관인데……. 더구나 이런 산업사회 속에서 사람들의 수명은 길어지고 그에 따라 다양한 삶의 목표가 더욱 필요해지고 또한 생겨날 텐데 인프라가 없다니……. 그에 대한 대비가 필요

해. 그러한 환경에 능동적으로 대처해나가야 해.'

한마디로 그때까지 한국능률협회는 산업교육이라는 외바퀴만 열심히 굴려왔지만 평생교육이라는 새로운 축을 만들어야 한다고 생각했다. 두 개의 축으로 가야 하는 것이다.

이러한 취지로 1998년 1월, 협회 내에 직업전환센터가 새로운 사업부로 출범했다.

무엇보다 나는 회사에서 구조조정 되어 실업자가 된 사람들, 하루아침에 직장을 잃고 거리로 내몰린 사람들에게 새로운 희망을 주는 일을 찾아내야 했다. 그에 더해 새로운 직업을 찾아 도전하려는 이들을 위한 평생교육의 장을 마련하고자 했다.

방법은 한 가지였다. 이미 끝난 일에 매달려 뜯어고치기보다는 아예 처음부터 새로운 것, 새 일감과 일터를 개발하면 되는 것이다. 하지만 어떻게?

나는 회의에 회의를 거듭하고 백방으로 아이디어를 짜내기 시작했다. 아이디어가 나왔으면 무조건 돌진해나가야 했다. 될지 안될지는 그 다음 문제였다. 직업전환센터를 진지로 삼고 아이디어라는 한 자루 창을 휘두르며 적진으로 뛰어드는 돈키호테가 되어야 했다.

"돌격 앞으로!"

온 나라를 초토화시키고 내 눈앞에까지 들이닥친 IMF라는 괴물과 맞선 악전고투가 시작된 것이다. 그것은 이제까지 내가 겪었던 그 어떤 싸움보다 힘들었지만 가장 값진 싸움이기도 했다.

주부들의 '주부 경력'을 살리다
웨딩플래너의 탄생

물론 사회 속에서의 경력은 일시 단절된 것이 맞다.
그러나 인생에서의 경력 단절은 있을 수 없다.

우선 주부들을 주목했다. 그들은 실직한 남편들을 대신해 분유
값, 콩나물 한줌 값이라도 벌고자 하는 결사적인 의욕에 가득 차
있었고, 무엇이든 해내고 돌파할 태세였다. 그런데 막상 그들이 사
회에 뛰어들어도 할 수 있는 일을 찾기 어려웠다. 오랫동안 전업주
부로 살아왔기에 경력 단절을 단숨에 뛰어넘을 수 없었다. 설령 결
혼 전에 전문직을 했더라도 마찬가지였다.

나는 차근차근 생각해보았다. 경력 단절…… 그녀들은 과연 경
력이 단절된 것인가? 물론 사회 속에서의 경력은 가사에 매달리다
보니 일시 단절된 것이 맞다. 그러나 인생에서의 경력은 단절이 있
을 수 없는 것 아닌가. 전업주부들은 결혼과 육아, 가사라는 또 다

른 경력을 쌓아온 사람들이지 않은가. 생각이 여기에 미치자 빛이 새어 나오는 기분이 들었다.

결혼은 인류지대사다. 그런 만큼 그 과정에서도 할 일이 많다. 예식장 선정은 물론 예물을 고르고 혼수를 장만하고 신혼여행지도 선정해야 한다. 양쪽 집안의 다양한 의견도 다 수렴해 결론 내려야 한다. 결혼 준비 과정에서 갈등이 생겨 결혼 자체를 포기하는 커플이 있을 만큼 그 과정이 결코 쉽지만은 않다.

과거에 나도 결혼을 준비하면서 꽤나 번거롭고 복잡한 기분이 들었다. 지나고 난 후 돌아보면 그렇게 어려울 것도 없었는데 잘 몰랐기에 힘들었던 것 같다. 예비 신랑신부들 대부분이 결혼 준비가 복잡하다고 생각한다. 뭐부터 해야 할지 모르고 자칫 실수하기도 쉽다. 왜? 처음 해보는 거니까. 게다가 늦게까지 직장에서 일하고 남는 시간에 짬짬이 준비해야 하므로 피곤이 가중된다. 그래서 결혼식을 간신히 끝마치고 녹초가 되는 신혼부부도 많다.

이렇듯 시간이 부족하고 서툰 예비 신랑신부들을 위해 이미 경험해본 사람이 전담 마크맨처럼 옆에서 붙어서 도와주면 어떨까? 모든 결혼 준비를 당사자들을 대신해 챙겨준다면 어떨까? 특히 여자들이 소소한 살림살이 한 가지부터 다 장만하다 보니 남자보다 준비할 항목이 더 많은데, 이런 신부의 마음을 알아주면서 적극적으로 도와주는 사람이 있다면 결혼 준비가 훨씬 더 수월해지지 않을까? 사실 이런 직종은 진작부터 있어야 했다. 알아보니 서구에서는 이미 오래 전부터 이런 직업이 있었다. 외국 영화에서도 심심치 않게 등장한 직업이었다.

이런 현실과 외국의 직종을 참고해 우리나라에 새로운 직업을 만들어보자고 결심했다. 이 직업이야말로 주부들이 적임이다. 결혼식을 치르고 가정을 꾸리고 살아온 사람들이니까. 사회에서는 멀어졌지만 자신도 모르게 새로운 경력을 쌓고 있었던 것이다.

주부들의 일상의 경력을 살리자! 우리나라에 전혀 없던 '웨딩플래너'는 이렇게 해서 만들어졌다. 직업전환센터에 전문 강좌를 개설했고 자격증을 만들었다. 그때부터 매년 200~300명 가까이 교육을 받았고, 그중 70% 이상이 취업하는 성과를 올렸다. 이제는 전국적으로 수천 명의 웨딩플래너가 활동하고 있으니 가히 웨딩업계의 판도를 바꾼 사건이라고 할 수 있다. 새로운 시장 하나가 열린 것이다.

당시만 해도 웨딩플래너는 너무나 생소했고, 그 때문에 지금과 같이 확고하고 지속적인 직업으로 뿌리내릴 것이라고는 예상하지 못했다. 개인의 창의적인 아이디어가 얼마나 중요한지 새삼 깊이 느낀 성공 사례다.

새로운 트렌드, 거대 시장의 산업 탄생
천연비누 제조사

대성공이었다. 시장이 열리고 붐이 이는 정도가 아니라
천연비누가 시대의 트렌드가 되고 있었다.

가끔 길을 가다가 낯선 이들로부터 반가운 인사를 받을 때가 있
다. 다소 얼떨떨해 하고 있으면 상대방이 이렇게 말을 건네며 웃
는다.

"저 예전에 능률협회 직업전환센터 교육생이었어요."

그때의 그 보람찬 기분이라니……. 인사를 건넨 이들의 표정은
대부분 매우 밝다.

어느 때부터인가 나는 비누를 사본 적이 없다. 매년 우리 교육생
들이 작품처럼 만든 천연비누를 서로 경쟁하듯 선물로 보내오기
때문이다. 연말이면 20여 세트 이상씩 천연비누가 선물로 들어오
곤 한다. 세트 포장을 풀어보면 저마다 다양하다. 건성 피부에 좋

은 비누, 지성에 좋은 비누, 그리고 갖가지 샴푸, 바디 클렌저…….
모두 우리 센터에서 교육을 받고 천연비누 제조사로 활동하고 있
는 이들이 보내준 것이다. 그 비누를 쓰며 아침저녁으로 감사함을
느낀다.

천연비누 제조사는 애초 주부 취업 과정으로 만든 것이었다. 처
음 참여한 교육생들은 대부분 취미로 배우는 이들이었다. 하지만
나는 일자리 창출로 연계하는 것을 기획하고 있었다.

천연비누 제조사는 수강생들에게는 웨딩플래너보다 훨씬 생소
했고, 나 또한 100퍼센트 확신이 서지 않은 게 사실이었다. 아무튼
천연비누를 만드는 과정 위주의 실전 프로그램으로 운영했다. 그
리고 그 과정을 이수한 사람들을 대상으로 강사 양성 과정을 개설
했고 동시에 민간 자격증도 만들었다.

그 과정을 이수하고 자격증을 딴 이들이 백화점이나 구청 문화
센터 같은 곳에서 지역 주민들에게 직접 천연비누를 만들어주며
강의했다. 몇몇 기업에서는 사내 취미교육 과정으로 개설해 여직
원들을 대상으로 비누 만드는 프로그램을 도입했다.

때마침 우리나라의 비누 시장이 점점 커지기 시작했고 천연비
누 수요가 늘어나 어느 시점부터는 시장이 폭발적으로 열리는 놀
라운 일이 벌어졌다. 여기서 그치지 않았다.

'쇠는 달구어졌을 때 때려야 한다'는 옛말대로 나와 우리 센터에서는 과정 이수자들에게 온라인 쇼핑몰을 만들어 사업할 수 있는 창업 아이디어를 제공했다. 그 아이디어는 대성공이었다. 시장이 열리고 붐이 이는 정도가 아니라 천연비누가 시대의 트렌드가 되고 있었다.

그런 한편으로는 욕도 많이 먹었다. 안정적으로 비누 시장을 독점하고 있던 기존 단체에서 이런저런 경로로 압력을 가해왔다.

"능률협회면 애초 하던 대로 기업컨설팅이나 하면 됐지, 천연비누에 대해 무얼 안다고 미꾸라지처럼 흙탕물을 튀기고 다니느냐"는 것이었다. 하지만 시대의 흐름, 트렌드는 바꿀 수 없는 일이었다.

그들은 내게 미꾸라지 운운했지만 기분은 나쁘지 않았다. 오히려 칭찬 같았다. 우물 안 개구리처럼 살면 편할 수는 있어도 아무것도 할 수 없지 않은가. 미꾸라지 한 마리가 헤집고 다니며 흙탕물을 일으킨 결과 수천 억 원 규모의 산업이 새로 생겼다. 지금은 천연비누 시장이 수천 억 원 규모로 발전했다. '미꾸라지'는 많을 수록 좋다. 세상을 바꾸고 발전시키는 에너지가 된다.

의사보다 더 의사 같은
병원코디네이터

의사 못지않고 상담 기술도 갖춘 사람이 의사와 환자 사이에서
사전에 상담해준다면 어떨까?

　요즘에는 병원이 '환자는 고객'이라는 개념을 갖고 그에 따른 서
비스 시스템을 갖추려 노력한다. 그러나 과거, 적어도 IMF 때까지
만 해도 그런 모습은 드물었다. 거의 없었다고 해도 과언이 아닐
것이다. 의료서비스라는 개념은 통용되지 않았다. 의사는 권위적
이었고 환자는 자신의 돈을 내고 진료를 받으러 가서 궁금하거나
하고 싶은 말이 있어도 이야기할 분위기가 안 되었다. 한없이 기다
려도 진료시간은 몇 분 되지 않았다.

　의사와 환자 사이의 간격은 의사 탓이 아니었다. 여기에는 환자,
의사를 모두 고단하게 만드는 병원 시스템이 문제였다. 의사는 하
루 종일 아픈 사람들의 이야기를 듣고 진료하고 병원 운영에도 신

경 쓰려면 몸이 열 개라도 모자랄 것이다. 지치고 피곤하니 친절과 거리가 먼 응대가 이루어질 수밖에 없다. 간호사들도 쏟아지는 환자들을 상대하면서 병원의 행정업무까지 신경 쓰다 보면 환자의 목소리에 귀 기울이기 힘든 것이 현실이었다.

'병원코디네이터'는 이런 병의원 현실에 착상해 아이디어를 낸 직업이었다. 대개의 발명과 발견이 그렇듯이 창직, 신직업 개발을 어렵게 생각하면 한없이 어렵다. 그러나 일상의 필요에 주목하면 길이 쉽게 보인다.

몸에 병이 나서 진료를 받을 때도 그렇지만, 특히 시력교정 등의 안과 계통이나 치과, 성형 관련 진료는 상담이 반 이상인 경우가 많다. 수술해야 할지, 한다면 어떻게 해야 할지, 비용은 얼마인지 등을 알아봐야 판단 기준으로 삼을 수 있다. 누군가 이런 정보를 환자 입장에서 자세하게 안내해준다면 환자나 의사 모두 더없이 편할 것이다.

병원코디네이터라는 직업은 이러한 인식에서 착안했다. 의사 못지않고 상담 기술도 갖춘 사람이 의사와 환자 사이에서 사전에 상담해준다면 어떨까? 환자 입장에서는 친절한 분위기 속에서 자신이 알고 싶은 부분을 자세하게 듣고 상의할 수 있으니 편안할 것이다. 의사는 의사대로 진료와 수술에 집중할 수 있을 것이다. 그야말로 양자가 윈윈하는 직업을 만들 수 있겠구나!

그렇게 해서 직업전환센터에 병원코디네이터 과정을 개설했고 매년 200명 이상씩 취업하는 성과를 거두었다. 지금은 웬만한 병원에는 코디네이터가 있고, 만일 없다면 그런 역할을 대신 하는 간호사가 있을 정도로 대중화, 보편화되어 있다. 지역에 따라 병원코디네이터의 수는 수천 명에 이를 정도다. 어렵던 시절 직업전환센터에서 만든 대표적인 성공 직업 중 하나다.

로망을 직업으로
펜션경영 전문가

펜션은 시작이 중요한 것이 아니라 운영이 중요하다.
운영의 묘, 경영을 가르쳐주는 과정이 펜션경영 전문가다.

누구나 한 번쯤은 '저 푸른 초원 위의 그림 같은 집'을 꿈꾼다. 전원생활이다. 푸른 녹음 속에 집을 짓고 유기농으로 기른 채소와 과일을 텃밭에서 길러 옷소매에 스윽 닦은 다음 바로 먹는 생활. 도시생활에 지친 이들이라면 누구나 꿈꾸는 생활이다. 그러나 이런 꿈은 현실과의 괴리가 항상 존재한다. 현실은 냉정하기 때문이다.

경제적인 여유가 있는 사람들 중에는 은퇴나 퇴직 후에 과감히 도시의 집을 정리하고 지방의 땅을 매입해 전원주택을 짓는다. 주위 사람들이 부러워하고 맑은 공기와 푸르른 대자연에 몸이 상쾌해지니 '좀더 일찍 내려올걸. 이렇게 좋은데!' 하는 마음까지 든다. 그러나 안타깝게도 전원생활의 만족감이 거기에만 그치는 경우가 많다.

이유가 뭘까? 전원생활의 장점만 보고 단점을 생각하지 않은 탓이다. 자연을 벗 삼아 힐링하고 건강이 좋아지는 건 분명히 전원생활의 크나큰 장점이다. 반면에 마트나 시장, 병원 등과 같이 생활에 꼭 필요한 시설과 거리가 떨어져 있고 경제활동을 하기 어렵다는 것은 단점이라 하겠다.

아무리 경제적인 여유가 있다고 해도 비축한 자금을 계속 소모하는 식의 구도를 짜 놓아서는 오래 버틸 수가 없다. 최소한의 경제활동을 할 수 있어야 노후가 안녕할 수 있다. 전원에서 텃밭을 가꾸는 것만으로도 생활이 안정적으로 유지될 수 있겠는가? 게다가 요즘 같은 백세시대에 말이다.

전원주택을 지은 사람들 중에는 집을 활용해 펜션사업을 하기도 한다. 거주하면서 관광객들을 유치해 돈을 벌 수 있으니 일석이조라 생각한다. 하지만 펜션사업은 말처럼 쉬운 게 아니다. 손님을 유치하려면 텃밭이나 집을 잘 가꾸어 '그림 같은 풍경'을 잘 유지할 수 있어야 하는데 둘 중 어느 하나 만만하지 않다. 특히 텃밭을 하찮게 보다가 큰코다친다. 조금만 잘못 관리해도 금세 채소가 시들시들하다. 비료와 물을 적절히 공급하고 땅을 잘 다스리는 것은 노하우가 있어야 가능한 일이다.

또한 집을 깨끗하게 유지, 관리하는 비용과 노력도 만만치 않다. 집이란 게 시골에 번듯하고 호화롭게 지어 놓았을수록 관리를 조금만 소홀해도 금세 티가 나게 마련이다. 자칫 우중충한 유령의 집 같은 인상을 줄 수도 있다.

다행히 텃밭과 집을 잘 관리할 수 있다 해도 펜션사업이 매일 돈을 벌어들이는 업이 아니라는 사실을 감당할 수 있어야 한다. 주말은 괜찮지만 평일에는 손님이 거의 없다. 성수기가 아닌 계절에는 손님 구경하기 힘들다. 펜션이 곳곳에 생겨 경쟁이 심해지니 손님들의 선택을 받기가 그야말로 하늘의 별 따기다. 변변한 수입을 얻지 못하면 로망은 깨지고 냉정한 현실만 남는다.

이러한 사정 때문에 한때 붐이 일었던 펜션이 천덕꾸러기 매물로 부동산 시장에 쏟아져 나오기도 했다. 펜션 트렌드와 그 이면의 속사정을 감안해 만든 것이 '펜션경영 전문가' 과정이었다. 펜션은 시작이 중요한 것이 아니라 운영이 중요하다. 그 운영의 묘, 경영 방법을 가르쳐주는 과정을 만든 것이다.

부지 확보와 시설, 규모, 홍보 마케팅에 이르기까지 절대 망하지 않는 펜션경영 강의와 교육이 이루어졌다. 예를 들어 무조건 경치 좋은 곳만이 펜션 명당자리는 아니라는 점, 테마를 만들어야 한다고 교육했다. 그 펜션만의 특별한 무엇, 어떤 즐길 거리가 있는지를 만드는 데 집중하라는 것이었다. 경치가 기본이기는 하지만 테마가 좋다면 절경이 아니어도 성공할 수 있다.

펜션경영 전문가 과정은 전문적인 펜션경영인 양성에 목적을 두었지만, 교육을 받은 수료생들은 직접 펜션경영에 나서기보다 펜션컨설팅 전문가로 활동하기 시작했다. 새로운 직업이 만들어진 것이다.

요즘에는 펜션경영 전문가들이 건축 자문과 온라인 홍보, 홈페이지 운영까지 상담해준다고 한다. '정치는 생물生物'이라는 말이 있지만, 직업이야말로 생물이 아닐까 싶다. 일단 태어나면 사람들의 필요와 트렌드를 따라 제 스스로 진화해간다.

동양철학 양성화
풍수인테리어 전문가

안 믿는다면서도 무슨 일이 있을 때마다 찾는 것이
사주나 풍수 아니던가.

없던 직업을 새로 만들려면 발명이나 발견처럼 순간적인 직관
이나 영감, 시대와 사회의 트렌드를 읽는 거시적인 안목이 필요하
다. 그런데 이외에도 불도저 같은 자신감과 추진력이 필요할 때가
있다. 뻔뻔해 보일 정도의 자신감, 개척정신, 역발상의 추진력으로
무장하지 않으면 일을 풀어나갈 수 없는 경우가 많다.

흔히 동양철학 범주에 포함되는 풍수나 사주관상은 많은 이들
이 미신이라 여기며 무시하고 폄훼해온 게 사실이다. 특히 종교적
인 감정이 섞이면 사이비로 취급하기도 한다. 그러나 나는 이러한
동양철학이 활용가치가 크다고 보았다. 믿지 않는다고 하면서도
무슨 일이 있을 때마다 찾는 것이 사주나 풍수 아니던가.

여러 가지 궁리와 사전조사 끝에 '풍수지리 전문가 과정'과 '동양철학 전문가 과정', 그리고 이 둘을 융합한 '풍수인테리어 전문가 과정'을 개설했다. 사실 이들 교육 과정에 대해서는 안팎에서 우려의 시선이 적지 않았지만 나는 밀어붙였다.

그렇다면 어떤 사람들이 이 과정을 수강했을까? 특히 부동산중개업 관련 사업을 하는 이들이 큰 도움을 받았다. 그중 어떤 사람은 이 교육 덕분에 그동안의 부진과 슬럼프를 떨치고 성공할 수 있었다고 한다.

풍수와 부동산 사업, 어떤 연관성이 있을까? 예를 들어보자. 신혼부부가 집을 구하러 부동산 중개업소에 들렀다. 중개업자는 그들에게 금액, 희망 평수 등 이런저런 조건을 들은 후 이렇게 말한다.

"말씀하신 금액에 나온 집이 네 곳 있는데, 같은 값이면 두 분 기운이나 운세에 딱 맞는 집을 먼저 보러 가시는 게 어떨까 싶습니다. 방향이나 구도도 두 분에게 가장 알맞은 집으로 살펴보시고요. 실례가 안 된다면 제가 안내해드리겠습니다."

이렇게 운을 떼자 신혼부부는 마다하지 않고 그의 안내를 따랐다. 같은 값이면 자신들에게 맞는 집을 골라준다는 데 사양할 이유가 있겠는가.

일반적인 방법으로 안내해도 상관없다. 손님이 관심을 보이면

벽에 걸어 둔 직업전환센터의 동양철학 관련 과정 이수증을 가리키며 자신의 전문성을 부각시키고, 그들에게서 기초적인 사주 정보를 받아서 이렇게 안내하는 것이다.

"두 분 모두 밝고 양기가 넘치시니 완전한 남향보다는 남서향이 적합합니다. 특히 남편 분은 불의 기운이 아주 승해서 창 밖 풍경이 산보다는 물길이 보이는 쪽을 알아보는 게 좋겠습니다. 이럴 때는 벽지 색깔도 붉은색 계통보다는 물색이나 파란색 계통이 좋고, 집에 어항을 두어 화기를 누그러뜨려서 기운을 전체적으로 조화롭게 하는 것도 한 방법입니다. 그럼 네 곳 중에 그런 집 먼저 가보실까요? 다행히 비슷한 조건의 집이 하나 나와 있습니다. 가보시면 알겠지만 지금 사시는 분은 책상 뒤쪽으로 창을 두고 계신데, 두 분이 입주하신다면 그렇게는 절대 하지 마십시오. 그럴 경우 좋은 기운이나 집안에 들어올 재물을 흘리는 것이니까요. 그리고 현관이 조금 어두운 편이니까 온화한 백열등 설치 외에도 화사한 꽃화분을 두면 좋습니다. 입주하시기 전에는 제가 수맥이 있는지도 살펴보겠습니다. 만일 수맥이 있다면 그에 대한 방비책이 있으니 걱정하실 건 없습니다."

이런 형태로 풍수 지식을 바탕으로 새로운 마케팅을 펼칠 수 있다. 신뢰와 친밀감을 느낀 고객이 앞으로도 부동산 거래가 있을 때마다 찾아올 가능성이 높아지지 않겠는가.

풍수학과 사주학은 우리가 알게 모르게 우리 삶 깊숙이 자리 잡고 있다. 우리나라의 유명한 대기업의 경우 임원실을 풍수학에 입각해 전면 개조하기도 했다. 직원들의 기가 너무 강해 사무실 분위기가 소란스러울 경우 책상 위에 유리를 깔면 그 승한 기를 덜고, 그 반대의 경우에는 유리를 제거하는 식으로 업무 효율을 도모할 수도 있다.

물론 섣부르거나 잘못된 풍수 지식은 자칫 해악을 끼칠 수도 있다. 집안에 유독 먼지가 쌓이는 곳을 돈이 모이는 곳으로 착각하고 그곳에서 지내는 사람도 보았는데, 먼지는 먼지일 뿐이다. 그런 곳은 습하고 음기가 많으므로 피하는 게 상책이다.

미국의 유명인들 중에도 동양의 신비를 적용한다는 취지로 풍수인테리어를 자신의 집에 구현한 이들도 있다고 한다. 독일은 세계에서 풍수지리가 가장 발달한 나라 중 하나다. 극양의 기운을 지닌 소금을 집안의 어둡고 침침한 곳에 뿌리면 좋다는 과학적인 논리도 독일에서 나왔다. 과학적인 풍수인테리어 전문가는 고객층을 세계로 넓혀갈 수 있는, 무궁무진한 가능성의 직업이라 하겠다.

국방부와의 B2B
인성교육지도사

'인터내셔널 젠틀맨'인 장교들의 소양의 깊이는
그냥두기에는 너무나 아까울 정도다.

군인, 공무원, 교사, 운동선수. 이들에게는 한 가지 공통점이 있
다. 무엇일까?

이들처럼 오랫동안 한 분야에만 몰입했던 사람들은 일을 그만
둔 후 새로운 일을 찾을 때 당황하기 쉽다. 실제로 이러한 특성을
이용한 사기 사건이 심심찮게 언론에 등장한다.

그나마 운동선수는 비교적 젊은 나이에 새로운 시작을 계획하
므로 적응 기간도 여유가 있고 패기로 밀어붙일 수 있지만, 정년을
마친 직업군인의 경우 은퇴 후 맞이하는 세상은 그리 녹록하지 않
다. 그들이 군에서 쌓은 경험과 책임감, 애국심, 리더십은 무엇보
다 소중한 자산이지만 안타깝게도 그걸 활용할 기회가 거의 없다.

특히 '인터내셔널 젠틀맨'인 장교의 경우 그들이 쌓은 소양의 깊이는 그냥 두기에는 너무나 아까울 정도다.

그들이 사회에서 호흡을 고르면서 자신의 능력을 발휘해 보람찬 일을 할 수는 없을까? 여기에 생각이 닿아 만든 직업이 바로 '인성교육지도사'였다.

대상은 일단 국방부를 퇴직한 영관급 장교로 한정했다. 야전장교보다는 아무래도 안보의 중핵 기관에서 총괄적인 업무를 수행한 사람들이 인성교육을 지도하면서 유연성을 더 발휘할 수 있으리라는 판단에서였다.

강좌를 개설하고 교육을 진행하면서 나와 직업전환센터의 동료들은 박수를 칠 정도로 기뻐했다. 수강생들은 모두 일류 강사가 될 수 있을 만큼 말솜씨가 좋았고 교양도 풍부했다. 그뿐 아니었다. 이야기를 하며 청중과 호흡하는 데도 능했다.

30여 명의 인성교육지도사가 배출되었고 이 중에서 20여 명이 활동을 시작했다. 법무부와 연계하여 청송교도소를 필두로 전국의 50여 개 교도소에서 형이 확정된 사람들을 대상으로 강연을 나갔다. 이러한 외부인사 강연을 수십 년간 정신교육시간이라고 불렀는데, 그 진부한 교육 명칭을 이때부터 인성교육시간으로 교육과정을 변경했다.

교도소는 많은 사람을 일률적으로 통제하는 만큼 군대적인 요소가 많아서 강사들은 짧은 현장 브리핑만으로 금세 분위기를 파악했고, 덕분에 재소자들에게 더 거리감 없이 다가가는 강연을 할 수 있었다.

직업전환센터는 강사들을 위한 인성교육협회를 만들었고, 한국능률협회 내에 인성교육지도센터도 만들어 새로운 일을 시작한 이들을 적극 지원했다. 평생을 국가안보에 바쳤던 이들에게 새로운 삶의 방향을 제시하고 좋은 선물을 한 것 같아 뿌듯했다. 말하자면 국방부와 직업전환센터의 성공적인 B2B가 이루어진 셈이다.

시대를 너무 앞서가다
사립탐정(민간조사원) 과정

이제라도 현실적인 필요성이 인정된 것이 다행스럽고 기쁘다.
그들이 더욱 당당하게 능력을 펼칠 수 있기를 기대한다.

OECD 회원국들 중 사립탐정 제도가 법제화되지 않은 국가는 우리나라가 유일하다. 외국 사례를 살펴봤을 때 사립탐정은 수사기관의 힘이 미치지 못하는 영역, 예컨대 해외은닉재산 추적이라든지 실종자 수색, 보험사기 규명, 지적재산권 보호 등의 분야에서 행정 및 사법적으로 보완하고 있다. 그 외의 사건들 중에서도 추가적인 증거가 필요하거나 공권력이 미치지 못하는 각종 분쟁을 법이 허용하는 범위 안에서 조사하고 분석하는 직업이다.

나는 이와 같은 사립탐정에 대한 수요가 국내에서도 이루어질 것이라 예측하고 한국PI(민간조사)자격검정관리협회와 협력하여 '민간조사원 양성 교육과정'을 국내 최초로 개설했다. 보험범죄개론, 법학개론, 법의학, 사이버범죄 조사론, 교통사고 분석학 등의 이론에 더해, 실탄 사격 연습과 호신술 등의 실전 과정까지 총 2개월 교육을 마치면 한국PI자격검정관리협회가 주관하는 자격시험에 응시할 수 있도록 했다.

합격할 경우 기업정보 관련 부서나 변호사 사무실, 보험회사, 금융사고 조사 분야에서 일할 수 있었다. 하지만 안타깝게도 그때는 물론이고 현재까지도 우리나라에서 사립탐정은 직업으로 인정받지 못하고 있다.

그러나 2014년 3월, 정부는 국무회의에서 민간조사원(사립탐정)을 신직업에 포함시켜 육성, 지원할 것으로 알려졌다. 이를 위한 법적 근거를 마련할 계획이라고 하며, 몇몇 대학의 평생교육원에서는 PI 양성 과정이 개설되기도 했다.

사립탐정(민간조사원)의 직업 수요가 날로 늘어날 것이라고 판단해 개설했던 강좌였지만 당시에는 큰 빛을 보지 못해 안타까웠다. 이제라도 현실적인 필요성이 인정된 것이 다행스럽고 기쁘다. 한국능률협회를 통해 배출된 200여 명의 자격증 취득자들이 이제 머지않아 더욱 당당하고 독자적인 업무를 펼칠 수 있기를 기대한다.

그 외 20여 개의 신직업 창출과
커리어 서비스

일자리가 만들어지려면 먼저 인프라가 구축되어야 한다.
연구개발로 시장을 가동하고 투자로 기반을 만들어야 한다.

우리나라의 대표적인 은행 중 한 곳이 외국기업 때문에 경제적
으로 큰 손실을 보았다는 뉴스를 보았다. 손해의 주요 이유는 애초
우리나라에 기업의 가치를 제대로 평가할 만한 전문가가 거의 없
었던 데서 기인한다고 했다. 게다가 M&A 전문가 역시 태부족이
라는 것이었다.

나는 부랴부랴 M&A 전문가, 기업가치평가사 과정을 만들었다.
어수선한 시국과 산업계에 당장 필요한 인력을 공급해야 했다. 이
강좌는 기존에 없던, 완전히 새로운 직업을 만든 것은 아니었다.

이때 300여 명의 M&A 전문가, 기업가치평가사들을 양성했다.
그들에게 집중적이고도 체계적으로 자금동향 읽는 법, 재무제표

보는 법, 세계경제 지표 등을 강의했고, 이를 토대로 그 직업이 전문 직업임을 선포했다.

이때 배출된 사람들은 지금도 기업에서 활동하고 있다. 기존 직장에서 직무 역량을 높여 자기 영역을 굳건히 하자 연봉도 높아졌고 독립한 이들도 있다. 연구소를 차릴 수도 있다. 새로운 직업이 탄생한 셈이다.

이렇게 하나하나 새로운 직업을 만들어 갔다.

부동산 난개발을 막고 효과적인 운용을 위한 부동산개발 전문가, 어려움에 빠진 무역 분야를 새로 일으킬 무역 전문가, 창업하려는 이를 컨설팅해주는 소자본 창업 컨설턴트 등 20여 개 직업이 세상에 새로 나왔다.

말하자면 직업전환센터에는 20여 개의 새로운 직업 강좌가 마련된 셈인데, 그 강좌 목록을 들여다보며 곰곰이 생각해보았다.

지금 내가 실직자라면, 혹은 곧 실직한다면 무슨 강좌를 듣고 어느 분야의 직업을 새로 찾을 것인가……. 언뜻 선택하기 어려웠다. 강좌가 다양해서라기보다는 내 적성이 뭔지 명확하게 알 수 없었고, 새삼 내 자신이 진로를 고민하는 고교생처럼 느껴졌다. 그렇게 생각에 잠겨 있다가 무릎을 탁 쳤다. 아하, 실직한 사람들은 정말 고민이 많겠구나.

그래서 시작한 것이 아웃플레이스먼트, 즉 퇴직예정자 지원 서비스였다. 이는 한마디로 한국능률협회가 축적해온 교육훈련 노하우를 동원해 전문 카운슬러, 경영컨설턴트 등의 인력이 상담자 개개인에게 맞는 최적의 진로를 제시해주는 것이다. 은퇴 이후 삶의 방향과 계획을 잘 세울 수 있도록 돕는 것이 목적이다.

산업현장에 일자리가 만들어지려면 먼저 인프라가 구축되어야 한다. 연구개발로 시장을 가동하고 투자로 기반이 형성된 다음에야 비로소 일자리가 만들어지는 것이다.

그런데 신직업 창출은 그 모든 돈과 시간과 노력이 드는 과정을 일거에 뛰어넘어 곧바로 산업현장에 인력이 투입되거나, 아예 크든 작든 새로운 분야의 산업을 일구어내기도 한다. 한 사람이나 한 집단의 작은 아이디어 하나가 큰돈 없이도 효과적이고 지속적인 일자리를 만들 수 있는 것이다. 이는 평생직장시대에서 평생직업시대로 바뀐 시대의 흐름을 타기도 하고 그 흐름을 선도하기도 하면서 그 중요성이 매우 커졌다.

이제는 신직업 개발이야말로 기업 혁신과 일자리 창출, 확대의 열쇠라고 해도 과언이 아니다.

일자리 창출보다 더 중요했던 한 가지, 의지를 되살리다

중요한 것은 넘어지지 않는 것이 아니라 넘어지더라도
다시 털고 일어서는 것임을 절실히 깨달았다.

　나는 우리나라의 산업발전에 일조했다는 자부심을 갖고 있지
만, 그보다 더 보람되고 소중하게 여기는 것은 수강생들이 잊지 않
고 건네는 인사다.

　직업전환센터는 말 그대로 실직한 이들이 직업을 전환하는 데
만 도움을 주는 기관이 아니었다. 세상으로부터 받은 상처를 치유
하는 데 각별히 마음을 썼다.

　앞서 언급한 바와 같이 수강생들 중에는 스스로 극단적인 선택
을 한 경우도 있고, 품에 유서를 넣고 다니는 사람도 있었다. 강의
에 참석했지만 멍한 눈빛으로 멀거니 앉아 있던 이들도 많았다. 그
들의 눈에서 느껴지는 생생한 아픔 때문에 처음에는 말 한마디 건

네기도 조심스러웠다.

우선 수강생 한 사람 한 사람의 자존감을 회복시키는 것이 급선무였다. 그래서 나를 비롯해 강사들 모두가 수강생들에게 건강한 자기암시를 걸자고 제안했다.

"내가 세상의 주인공이다. 내가 바로 서지 않으면 내 가정이 바로 서지 않고 국가가 바로 서지 않는다. 모든 것이 스스로 마음먹기에 달려 있다."

수강생들이 자신은 물론 서로의 상처를 보듬어 쓰다듬고 새로운 인간관계를 맺는 것도 매우 중요했다. 어찌 보면 그것은 당장의 직업교육보다 더 의미 있는 일이었다. 그런 교류를 위해 우리 센터에서는 휴게실에 각별히 신경 썼고, 평균 3개월 교육기간 동안 점심식사의 부담을 덜어주기 위해 인근의 몇몇 식당과 제휴해서 음식값을 10% 할인해주는 쿠폰을 발행하기도 했다. 경제적인 부담을 덜며 수강생들이 함께 식사한다면 커뮤니티가 한결 빠르고 단단하게 형성될 것이었다.

분위기는 차츰 나아졌다. 나중에는 눈에 띄게 달라졌다. 해보자는 의욕과 웃음이 강의실 곳곳에서 발견되었다. 어느 시점을 지나자 수강생의 수는 폭발적으로 늘어났다.

날마다 600~700명가량이 교육을 받으러 오면서 당시 서울시 마포구에 있던 한국능률협회 사무실 일대에 새로운 상권이 만들어질 정도였다. 그때 배출한 수강생이 1만 5천 명가량이었는데, 그들을 대상으로 하는 노점상도 우후죽순처럼 생겨났다.

수강생들이 힘을 되찾는 모습을 보면서 기분이 좋았다. 세상을 살아가면서 중요한 것은 넘어지지 않는 것이 아니라 넘어지더라도 다시 털고 일어서는 것임을 절실히 깨달았다.

이제 평생직업, 평생교육이다

각자의 자기실현이 모여 대한민국의 발전과 성취로 이어지는 것,
그것이 나의 꿈이며 동시에 한국능률협회의 꿈이다.

IMF 외환 위기가 지나면서 그에 정면으로 맞서 싸웠던 직업전환센터의 강좌들은 이제 대부분 폐지되었거나 축소했다. 처음에는 유일한 과정이었지만 다른 기관들이 비슷한 과정을 많이 개설했고, 또한 우리가 개발해 세상에 선을 보였던 신직업들이 더 이상 신직업이라고 할 수 없을 정도로 대중화된 것이 많기 때문이었다. 한마디로 급박했던 시대적 소명을 다했으니 이제는 또 다른 시작을 준비해야 할 시점이라는 판단에서 나온 변화였다.

나는 직업전환센터를 커리어개발본부로 확대 개편하여 신직업뿐 아니라 대학생과 은퇴자들을 위한 평생교육 담당 기관으로 만들었다. 그리하여 산업구조나 변화된 패러다임을 분석해서 새로

운 직업을 연구하는 전초기지 역할을 하도록 했다. 정기적으로 새로운 직업을 개발하고 그에 알맞은 훈련과정을 운영하고 있다.

베이비부머 세대의 은퇴에 대비해 은퇴자들의 창업교육과 재취업교육 기능 프로그램을 수행했고, 여성 취업 지원 프로그램과 청년 창업, 청년 리더십 프로그램은 매년 2만 명 이상 규모로 진행하고 있다.

우리 사회가 시급히 관심을 갖고 해결해야 할 문제 중 하나가 결혼 등으로 경력이 단절된 여성 인재들이 어쩔 수 없이 가정에 주저앉는 경우가 많다는 것이다. 그것은 국가 사회적으로 큰 손실이 아닐 수 없다. 물론 본인 스스로 가사에만 충실하고 싶다면 문제가 되지 않지만, 능력과 의욕이 있는데 결혼 후 생긴 몇 년 간의 사회적인 공백을 뛰어넘을 수 없어 우수한 여성 인재가 주저앉는다면 개인의 불행일 뿐 아니라 사회적, 국가적으로도 안타까운 일이 아닌가. 이런 취지에서 커리어개발본부는 2009년 여성부와 협력해 전국 50여 개 여성인력개발센터에 경력 단절 여성, 젊은 여성들을 위한 프로그램을 운영, 관리하고 지원했다.

평생교육은 어느 한 계층이나 성별, 나이별로 나눌 수도 없고 나누어져서도 안 된다. 그것은 우리 모두의 것이어야 한다.

커리어개발본부뿐만 아니라 한국능률협회 차원에서도 52년간 기업교육과 컨설팅, 경영자교육, 글로벌 특강 등의 동영상 강의 500여 개도를 무료로 제공해오고 있다.

사회 곳곳에 교육이 절실히 필요한 사람들에게 교육 콘텐츠를 제공해 그들 모두가 지식산업사회의 주역으로서 자기실현의 직업인이 되는 것, 그리고 각자의 자기실현이 모여 대한민국의 발전과 성취로 이어지는 것, 그것이 나의 꿈이며 동시에 한국능률협회의 꿈이다.

2
Part

창조경제의 핵심

Job
Creative
Thinking

이 장에서부터 그간의 일자리 창출 성공사례
와 경험을 바탕으로 정부와 지자체, 대학에
새로운 고용 패러다임과 아이디어를 제시한
다. 신직업 개발 전문가로서 실질적인 처방
과 비전을 내놓기도 할 것이다. 관계자들이
라면 듣기 거북할 수도 있을 것이다. 그러나
흔히 하는 말대로 몸에 좋은 약은 입에 쓴 법
이다.

고용노동부에 했던 두 가지 제안

지금의 패러다임 속에서 벗어나야 답을 찾을 수 있다.
현 시스템에서 벗어난 일자리, 새로운 직업을 개발해야 한다.

박근혜정부가 추구하는 고용률 목표는 70%다. 현재 70% 고용률을 달성하려면 임기 5년 내에 무려 238만 명의 일자리를 더 만들어야 한다. 불가능하지는 않지만 상당히 어려운 목표라고 나는 생각하고 있다.

238만 명의 일자리는 매해 평균 7% 경제성장을 했을 때 가능한 수치다. 김영삼정부 시절에 경제성장률이 평균 7%였다. 지금은 산업시장이 더 힘들어진 상태라 평균 경제성장률이 3~4% 선에 그치고 그나마 경제성장률이 올라가도 이제는 과거처럼 고용률도 함께 높아지지 않는다. 아니, 경우에 따라서는 오히려 고용률이 줄어드는 기현상이 나타나기도 한다.

왜 그럴까?

경제성장률이 올라가서 부가가치는 높아졌지만 사람 수는 줄어드는 이 현상은 상당 부분 IT산업의 발달과 공장자동화에 원인이 있다. 예를 들어 삼성전자 반도체공장 같은 곳은 로봇이 일을 하면서 사람 몫을 감당하며 오히려 고용성장률을 낮추는 것이다.

이대로는 해결책이 보이지 않는다. 결국 지금까지의 패러다임 속에서 벗어나야 답을 찾을 수 있을 것이다. 그러기 위해서는 지금의 산업시스템에서 한 발 벗어난 일자리, 새로운 직업을 개발해야 한다.

우리나라에는 2011년 현재 11,655개 정도의 직업이 있고, 일본은 2011년 현재 17,209개에서 2만 개, 미국은 25,000개에서 3만 개가량의 직업이 있다. 이러한 직업 개수는 각국 간에 현존하는 직업 수에 각개 직업인들의 활동 장소, 사용 장비, 생산물, 직위나 직급 등에 따라 세분화한 직업 요소들도 반영해 종합적으로 계산한 것이다. 그러므로 어찌 보면 현존 직업 개수를 단순 비교하는 것보다 더욱 실질적인 경제활동지표로 삼을 수 있다.

이에 따르면 우리나라는 선진국에 비해 절반이나 3분의 1밖에 되지 않는 직업 활동을 하고 있다. 이러한 현실은 암담하지만 한편으로는 그렇기 때문에 벤치마킹하여 새로 만들어낼 직업이 많다고도 할 수 있다. 사실 지금까지 다양한 직군에 일자리를 만들자는 말은 많은데 하나하나 잘 들여다보면 그러한 제안마다 기업 의존도가 너무 높았다. 그래서는 늘 그 자리에 머물 뿐이다.

문제는 아이디어다. 창조경제시대에는 아이디어가 바로 직업이라는 인식을 가져야 한다. 그러한 인식 아래 일자리창출지원센터나 일자리창출 아이디어개발센터 등을 만들어 조직적으로 지원하며, 신직업 개발로 일자리 수를 늘려야만 한다.

고용노동부에 했던 또 한 가지 제안은 소상공인들, 영세자영업자들과 그들의 종업원들을 지원하자는 것이다. 이렇게 말하면 너무 당연하게 들릴 수도 있지만 사실 이것은 정부 실적에 직결되는 일이고, 또한 그 실적은 결코 겉치레에 그치지 않고 민생해결에 실질적인 효과를 줄 수 있다.

오늘날의 정치는 통계 숫자의 정치라고 해도 과언이 아니다. 지지율 몇 퍼센트, 선거 때 몇 표, 고용률 몇 퍼센트 등등. 그런데 이 통계 숫자가 실제 사람 수를 놓치고 있다면 어찌 될까? 통계로 잡혀 드러난 숫자 이면에 더 많은 사람이 있다면?

이런 통계 숫자의 맹점은 고용률 집계에서 대표적으로 드러난다. 소상공인들과 그들의 종업원은 누구 못지않게 열심히 일하고 있더라도 4대 보험이 안 되어 있는 경우가 대부분이다. 이 경우 고용 통계에 잡히지 않는다. 통계는 4대 보험 기준이므로. 그런데 우리나라에 그런 사람이 얼마나 많은가. 그들을 모두 통계에 잡을 수 있다면 당장 고용률이 가시적으로 올라갈 것이다.

그러나 직원들 월급 주기도 빠듯한 이들에게 4대 보험을 들라고 하면 현실적으로 받아들여질 수 있을까? 쉽지 않을 것이다. 바로 여기서 정부의 역할이 빛을 내야 한다. 정부가 4대 보험 가입비를 50% 가량 지원해준다면 어떨까? 그렇게 되면 정부로서는 고용률 상승 효과를 볼 수 있다. 지원을 받는 소상공인들은 나중에 실업급여와 연금도 받을 수 있으므로 마다할 이유가 없다.

그러한 내 제안 때문이라고는 꼭 집어 말할 수는 없지만, 두루누리라는 이름의 소상공인 지원 제도가 마련되었다.

일자리 목표 공시제와
지역 브랜드 맞춤형 사업

현재 일자리 목표를 공시하는 것은 지역민의 행복을 추구하는 지자체로서,
그 지자체의 장으로서 당연시되고 있다.

일자리 목표 공시제

일자리 목표 공시제는 2010년부터 시작된 제도로, 우리나라 지
방자치단체가 새로이 민선 5기(2010년 7월 1일~2114년 6월 30일)
지자체장을 선출하고 출범하면서 일자리 창출에 관한 공약을 하
고, 그 약속을 지켜가는 과정과 상황을 점검하는 것이다. 즉 민선 5
기 지자체장의 임기 동안 몇 개의 일자리를 어떻게 만들며, 그를
위해 연도별 세부 계획은 어떤지에 대한 계획안을 고용노동부에
제출하면, 노동부에서는 각 지자체가 일자리 대책을 원활히 추
진할 수 있도록 개선 및 보완할 점을 컨설팅한다. 2012년부터는
매년 추진 실적을 확인, 공표하고 인센티브를 제공한다.

현실적으로 일자리 창출 능력은 지자체별로 적지 않은 차이가 있다. 기업의 입지 여건, 지역별 산업구조, 지자체별 정책 우선순위 등이 다르기 때문이다.

아울러 반드시 평가기준이라고는 할 수 없어도 평가에 있어 비공식적이지만 원칙 몇 가지를 정해놓고 있었다. 그 원칙은 다음과 같다.

• 하던 대로 할 거라면 하지 마라

기존에 하던 사업을 이어가는 것보다는 신규 사업에 우선을 두었다. 기존에 하던 사업을 이어가는 경우에도 새로운 변화가 시도되어야 한다.

• 더 멀리, 더 높이, 더 빠르게

언뜻 운동대회 표어 같지만 역동적인 에너지와 장기적인 비전을 담은 말이다. 1년 단위 목표가 아니라 장기적이며 국가적인 안목의 비전을 수립하고, 이에 바탕으로 중장기 세부 계획을 수립하라는 것이다. 세부 계획이 아무리 꼼꼼하고 현실적이어도 그것이 장기적인 비전과 만나지 못하면 추진동력을 잃기 쉽다. 그러한 에너지와 비전을 가질 때 다른 지역보다 앞선 새로운 아이템도 눈에 띄고, 그럴 때 일자리 사업을 자기 지역에서 선도할 수 있다.

• 트렌드와 일자리 창출의 미스매치 여부

일자리는 무조건 많이 만든다고 해서 높은 평가를 받을 수는 없다. 양과 함께 일자리의 질이 담보되어야 한다. 그러기 위해서는 고용 문제의 트렌드와 환경 여건을 분석함으로써 성과 위주의 일자리 사업을 추진해가야 한다. 지역 맞춤형 일자리 창출 사업에서는 은퇴한 베이비부머 세대와 영세자영업자 등 취업하기 어려운 취약 계층 대상인지를 살펴야 한다. 사회적 기업은 그 지역에 맞는 발전 방향과 구체적인 실현 방안이 중요하다.

• 일자리 창출에 대한 자치단체장의 의지와 관심도,
  그간의 노력

자치단체장이 일자리 창출에 얼마나 강한 의지와 관심을 갖고 있는지, 그간의 얼마나 노력했는지도 중요 포인트다. 지자체장은 일자리 창출의 현장 지휘자여야 한다. 당장 눈에 띄는 자리의 음률만 듣고 보는 것이 아니라 눈에 보이지 않는 곳곳에 대한 관심으로 그 지역에서 조화로운 일자리 창출의 하모니를 이끌어내야 한다.

• 왜 이 사업이어야 하는가

창출하려는 일자리와 사업의 당위성, 필요성, 그리고 체계적인 근거 자료의 적확성 등을 봐야 한다. 사업의 완성도는 그 당위가 절실할 때 최고로 높아진다.

평가 결과에 따라 우수 지자체에는 우수 사례 경진대회를 열어 대통령상과 국무총리상, 장관상 등으로 포상한다. 2013년에는 지역 일자리 목표 공시제 평가 결과 총 94개 지자체 단체 중 56개 단체가 우수자치단체로 선정되었다. 그중 대통령상의 영예는 경북 칠곡군에 돌아갔고, 국무총리상은 광역 부문의 경기도와 기초 시 부문의 충남 아산시가 차지했다. 이에 대해서는 뒤에서 자세하게 소개할 것이다.

일자리 목표 공시제는 어디까지나 지자체들의 자발적인 참여를 유도한 것이지 강제로 시행한 것은 아니었다. 그래서 처음에는 그 부담 되는 목표를 공시하는 데 저항감을 가진 지자체도 있었지만, 곧 공시제에 참여하지 않으면 지자체 경쟁에서 밀려나는 분위기가 형성되었다. 지금은 일자리 목표를 공시하는 것은 지역민의 행복을 추구하는 지자체로서, 그 지자체의 장으로서 당연시되고 있다.

지역 맞춤형 일자리 창출지원 사업

이 사업은 지자체가 민간 비영리 교육기관과 컨소시엄을 맺은 후, 그 지역 일반인 대상으로 취업교육을 시키고 그와 연계해서 취업까지 알선하는 것이다. 매년 지자체가 다음해에 벌일 사업신청서를 받아 전국 단위에서 그 실효성을 평가한다.

나는 지역 맞춤형 일자리 사업의 효과적인 수행 전략을 위해서도 몇 가지 제언을 한 바 있다. 그것은 다음과 같다.

먼저, 광역과 기초 자치단체 간에는 유기적인 협력과 지원이 이루어져야 한다. 이것은 얼핏 당연한 듯 보이지만 실제에 있어서는 단체 간 알력이 있을 수 있고 공과에 대한 논의에만 몰두할 수도 있는 사안이다. 광역과 기초 자치단체 간에 중복 및 유사 사업이 있을 때 특히 그럴 수 있는데, 그런 때일수록 단체 간 조정과 협력이 필수적이다. 그러한 협력과 조정을 효과적으로 하면 분쟁의 씨앗은 오히려 시너지 창출의 바탕이 될 수 있다.

지역 통계를 기반으로 자체 환경 분석을 통한 사업 아이템과 필요성이 도출되고 있는지도 살펴봐야 한다. 그러할 때 지역 핵심 사업과 연계한 체계적이고 중장기적인 사업 구상이 나올 수 있다.

정기적인 협의를 통한 자체 역량 강화와 아이디어 창출 노력을 지속하고 있는지도 중요하다. 이를 위해서는 담당자의 일자리 창출 역량 강화를 위한 벤치마킹, 현장교육이 무엇보다 중요하다. 또한 일자리 부서의 위상을 제고하고 모든 부서 간 정기 대토론회, 관내 자치단체 협의회와 민관산학 합동 워크숍도 꾸준히 실행되어야 한다. 시너지는 그러할 때 나올 수 있다.

아울러 실무 연계를 위한 지역 기업체 및 산업단지와의 지속적으로 협의, 강화되고 있는지도 중요하다.

박근혜정부가 출범하고 나서 박근혜 대통령은 이렇게 말한 바 있다.

"일자리 문제는 새 정부의 최대 관심사다. 새로운 일자리는 늘리고 기존의 일자리는 지키고 일자리의 질은 올린다."

일자리 목표 공시제와 지역 브랜드맞춤형 사업은 정부의 70% 고용률 달성을 위한 로드맵에서 중추 역할을 하고 있다.

지역 일자리 목표 공시제
우수 자치단체 사례

우수 사례를 소개하는 이유는 이들 지자체가 실시한 사업을
효과적으로 벤치마킹했으면 하는 바람 때문이다.

 2013년도 평가에서 대통령상과 국무총리상, 그리고 장관상을
받은 지자체 중 각 부문 1위를 한 지자체의 우수 사례를 소개한다.
다소간 지루할 수도 있으나 이들 최우수 지자체의 평가 결과와 우
수 사례를 일일이 짚고 소개한 이유는 이들 지자체가 실시한 각각
의 사업을 다른 시도군구에서 꼼꼼히 읽고 효과적으로 벤치마킹
했으면 하는 바람 때문이다.

 먼저, 경북 칠곡군은 2012년에 이어 2013년에도 연속 종합 최
우수 평가를 받아 대통령상을 수상했다. 2013년도 목표 대비 고
용률 달성도가 98.9%에 이르고 취업자 수 달성도는 98.1%이니

대상을 받을 만한 실적이 아닐 수 없다. 전체 고용률에서는 63.2%로, 정부의 고용률 목표 70%에는 조금 모자라지만 그 내용이 훌륭하다.

칠곡군은 왜관 3산업단지, 지천연화 일반산업단지, 칠곡 농기계특화 산업단지 등 신규 산업단지를 조성하여 군내에 안정적이고 구조적이며, 따라서 질이 좋을 수밖에 없는 민간 일자리를 창출한 것에 높은 평가를 받았다.

아울러 청년인턴, 고졸자 대상 취업 캠프를 운영하며 청년층 중에서도 취약한 계층의 취업을 집중 지원했고, 창업과 창직에도 지원을 아끼지 않았다. 대표적인 사업으로는 청년 CEO 육성 사업, 시니어 창업 및 재취업 지원 사업, 시니어 비즈플라자 운영 등을 들 수 있다.

사회적 기업 및 마을 기업, 협동조합 육성을 위한 원스톱 시스템을 구축해 소셜 벤처 리더, 즉 기업가를 양성했고, 사회적 기업의 제품을 홍보하고 판매를 지원함으로써 보다 폭넓은 효과를 일으켰다는 평가를 받기도 했다.

당장의 필요를 넘어 멀리 보는 사업 운영도 좋았다. 칠곡 평생학습대학을 운영하며 신지식 전문 교육과정을 개발했는데, 이 학교에 학위 4개와 자격증 6개를 마련했다.

국무총리상은 광역도 1위 경기도와 기초시 1위 충남 아산시에 돌아갔다.

경기도는 2013년도 목표 대비 고용률 달성도가 99.9%, 취업자 수 달성도 역시 99.9%라는 높은 실적을 올렸다. 고용률은 60.2% 로 다소 처진 감도 있다.

경기도는 고용 및 복지 종합센터를 시범운영했는데, 관련 기관 들과 합동으로 남양주 센터를 개소했고 동두천 센터는 예산을 확 보한 상태다. 공공 부문에서 양질의 시간 선택제 일자리 창출을 선 도하기도 해, 이를 위해 고용부와 경기도, 민간 단체 간 협력을 잘 일구었다. 찾아가는 일자리 버스 운영 등 일자리 센터 기능을 대폭 강화한 것도 눈에 띈다.

충남 아산시는 2013년 목표 대비 달성도가 100%를 웃도는 놀 라운 성과를 내놓고 있다. 고용률 달성도에서 101.3%, 취업자 수 에서는 무려 119.3%나 된다. 고용률은 60.8%다.

기업 근로 환경개선 자금 지원을 전국 최초로 추진하는 창의적 인 행정이 돋보였고, 주간 연속 2교대제 추진 등을 통한 근로시간 단축으로 일자리를 늘렸다. 아울러 아산시는 취업지원기관 간에 합동근무 협약을 맺어 구인 및 구직 서비스를 획기적으로 향상시 켰다. 새일센터 등 아산시에 소재한 5개 취업지원기관 소속 직원들이 아산시 종합일자리지원센터에서 합동근무하며 시너지를 만들어낸 것이다.

기업체 인사 관리자 등 전문직 은퇴자에게 직업 상담 등 관련 교육을 이수하도록 한 후 그들을 아산시 종합일자리지원센터 소속 직원으로 배치해 자신의 풍부한 경험을 십분 활용할 수 있도록 한 것도 특별하다. 5060 프로시니어 사업을 성공적으로 해낸 것이다.

장관상은 여러 지자체가 받았는데, 그중 광역시 부문 1위는 인천광역시, 기초구 부문 1위는 부산 해운대구가 차지했다. 기초구의 경우는 통계자료가 제공되지 않아 우수 사례 위주의 정성평가를 실시했다.

먼저, 인천광역시는 2013년 목표 대비 고용률 달성도는 99%, 취업자 수 역시 99%로 매우 높은 실적을 보였다. 고용복지 통합 제물포스마트타운 일자리지원본부를 설립한 것이 돋보인다. 고용센터, 자활센터, 노인인력센터 등을 입주시킴으로써 취업과 복지 통합의 링크를 구축한 것이다.

아울러 10개 기업과 업무 약정을 맺어 경력 단절 여성 3만 명의 고용 창출이 예상 된다. 국내외 기업 투자 유치를 시정 목표로 설정하고 1월부터 9월까지 19.4억불을 유치함으로써 이를 통한 일자리 창출도 가능하다. 비정규직 실태 조사를 실시했고 이를 통해 공공 부문 비정규직 946명을 정규직으로 전환시킨 것도 눈에 띈다.

　부산 해운대구의 경우, 해운대구 일자리종합지원센터가 중소기업청에서 공모한 '1인 창조기업 비즈니스센터'로 선정되었다. 이는 기초자치단체로서는 최초의 쾌거다.

　해운대구는 장애를 가진 사람들이 일하면서 재활할 수 있는 장애인 근로작업장을 건립했으며, 기초자치단체 최초로 일자리 주간을 운영해 구인구직 만남의 날, 찾아가는 일자리 상담센터, 해운대 토크콘서트 등으로 일자리 미스매치 해소에 창의적이고도 좋은 사례를 보였다. 경력단절 주부들에게는 직업상담사 역할을 맡기는 구인개척단을 운영함으로써 일자리 미스매치 해소에 성과를 보였다.

누가 고양이 목에 방울을 달 것인가

그럴 듯한 제안이나 아이디어가 탄생하더라도
실행하는 사람이 없다면 모든 것은 탁상공론에 그치고 만다.

아무리 정책적으로 일자리 창출을 부르짖고 독려하고 머리를 짜내도 일자리 창출의 성패는 결국 중앙정부도 지자체장도 아닌 일자리 조직의 맨 아래 실무자들 손에서 좌우되는 게 현실이다. 그런데 실무조직을 생각했을 때 문제가 있다. 이 문제를 알 수 있는 우화를 소개해보겠다.

어느 날 쥐들이 모여 고양이가 무서워 불안해 못살겠다며 푸념을 늘어놓았다. 그러던 중 한 마리 쥐가 이렇게 제안했다.

"이럴 게 아니라 무슨 대책을 논의해보자."

쥐들은 언제 어디서 소리 없이 들이닥칠지 모를 고양이의 불안에서 해방될 수 있는 방법을 논의했다. 다 함께 덤벼들어 혼내주자

거나 차라리 멀리 도망가서 살자는 쥐도 있었다. 이런 의견은 곧 핀잔을 들었다. 모두가 덤벼든다 해도 고양이를 당할 수 없고 이사 간다 해도 그곳에 고양이가 없으리라는 보장이 없지 않은가.

그러다 한 쥐가 무릎을 탁 치며 말했다.

"고양이 목에 방울을 달아놓으면 어떨까? 그럼 고양이가 움직일 때마다 소리가 나니까 우리는 안전하게 달아날 수 있잖아."

묘안이었다. 모두들 그 제안을 낸 쥐를 칭찬하며 기뻐했다. 그런데 한 쥐가 문득 웃음을 멈추고 말했다.

"그런데 그 일을 누가 하지? 누가 고양이 목에 방울을 달아 놓을 거냐고?"

그러자 쥐들은 모두 아무 말도 하지 못했다.

잘 알려진 우화이지만 이 이야기를 한 이유는 아무리 성능 좋은 방울이라 한들 그것을 막상 고양이 목에 달 수 없다면 아무 소용이 없듯이 아무리 그럴 듯한 제안이나 아이디어가 탄생하더라도 실행하는 사람이 없다면 모든 것은 탁상공론에 그치고 만다는 것을 알려주고 싶어서다. 오랫동안 일자리 창출 업무를 진행하면서 든 생각이었다.

아무리 정책적으로 일자리 창출을 부르짖고 상을 주고 아이디어를 짜내도 일자리 창출의 성패는 중앙정부나 지자체장도 아닌 일자리 창출 조직의 실무자들 손에서 좌우된다. 이것이 현실이다. '구슬이 서 말이라도 꿰어야 보배'라는 속담처럼 아무리 좋은 정책, 아이디어가 즐비해도 이것을 꿰는 사람이 있어야 보배가 될 수 있다. '구슬을 꿰는 사람'이 바로 실무자들이다.

고용률 70% 달성을 위한 정부의 좋은 일자리 창출 의지는 대단히 높다. 각고의 연구 노력 끝에 정책을 만들어내고 만만치 않은 예산도 책정한다. 그 다음 단계로 기업과 지자체에서 일자리를 만들어야 한다. 사기업에게 강권할 수 없다 하더라도, 전국 244개 지자체의 기관장과 이하 공무원들의 최대 화두가 일자리 창출, 확대일 만큼 의지가 뜨겁다.

중앙정부와 지방정부 모두 뜻을 함께하고 각 기관장들의 의지도 굳건하며 예산도 갖추었다면 이제 일자리 창출은 시간문제일까? 아니다. 천만의 말씀이다. 왜 그럴까?

지자체에서는 일자리 창출을 위한 주무부서도 만들고, 관련 인력도 확대하고, 또 지자체 내에 일자리지원센터와 취업지원센터도 운영하지만 아직은 그 분야의 전문가가 부족하기 때문이다. 또한 교육 기회도 부족하다.

물론 취업을 원하는 지역민들의 이력서를 클리닉해주고 일자리 링크시켜주는 일은 필요하다. 그러나 그것은 취업 전문가의 일이 아니다. 지금 우리에게는 보다 창의적이고 전문적인 지역 맞춤형 일자리 전문가가 필요하다. 예를 들어보자.

울산 같은 경우 거대 조선소가 있는 환경이라 용접할 것이 많다. 용접은 강한 열로 금속을 녹여 접합시키는 일이라 일견 거친 듯 보이기도 하지만 사실은 섬세한 주의력과 솜씨가 필요하다. 울산 여성인력개발센터에서는 이에 착안해 여성 용접사들을 배출했고 이들은 연봉 3~4천만 원의 수입을 올리고 있다. 그간 우리나라에서 여성 용접사는 없던 직업이었다. '여자가 무슨 용접을 하나?'라는 식의 고정관념을 깨자 새로운 직업이 나왔고 성과를 올리게 된 것이다.

그러나 지금과 같은 공무원 순환보직제도에서는 일자리 창출이라는 특수성에 비추어 보았을 때 창의성이 나오기 힘들다. 그러다 보니 일자리 부서로 발령이 나면 일만 엄청나게 많이 하는 부서로 인식하고 전문성을 키우기보다는 빨리 이 자리를 떠야겠다는 생각이 앞서는 경우도 많다.

이런 식의 담당제에서 전문성을 기대할 수는 없지 않은가. 순환보직은 공무원 사회 내부에서도 문제점으로 지적되어 왔다. 외부적으로도 민간과 학계로부터 공무원의 전문성 축적을 크게 저해하는 요인으로 여겨진 지 오래다.

더욱이 지자체장 임기가 새로 시작될 때마다 전임자와의 차별화를 위한 정책이나 사업변경이 늘 있어서, 인력의 전문성 확보가 어려운 것은 물론 업무 연속성조차 보장되지 않는 형편이다.

어떤 일자리 담당자들은 우선 숫자만이라도 높이기 위해 봉제 학원 같은 곳에 "기획서 하나 갖고 와보세요. 직업 과정 하나 만들어 봅시다"는 식으로 업무를 추진하기도 한다. 이런 식으로 여기 저기 유사 과정이 만들어지고 교육 이수 후 취업하더라도 이직률이 높고 그 생명력이 오래 가지 않는다. 처음에 70%가 취업했어도 1년쯤 지나고 나면 50%, 40%만 유지되는 경우가 허다하다. 유지율이 이렇게 떨어지면 아무 의미가 없다. 좋은 일자리가 아니다. 그런 것은 지속가능한 일자리, 건강한 일자리가 되기 어렵다.

이렇듯 난마처럼 얽혀 있는 문제를 해결할 수 있는 방법은 무엇일까? 우선 일자리 부서에 대한 인식의 전환이 필요하다. 그러기 위해서는 지금의 순환보직제에서 자긍심을 가질 수 있는 전문직 혹은 특수직으로 전환해야 한다. 그리고 그들과 함께 일을 해나갈 외부 전문가를 영입하거나, 지역 전문가 네트워크를 실질적으로 운용할 수 있는 시스템을 만들어야 한다. 그리고 그 지역 일자리 전문가로서 역량을 높이는 교육을 해야 한다.

244개 지자체마다 일자리 외부 전문가를 두 사람씩만 정해 운영한다면 이것만으로도 금세 488개의 건강한 일자리가 창출된다. 그렇지 않은가.

그런데 여기서 우리는 또 한 가지 근본적인 문제에 부딪힌다. 경험이 풍부한 일자리 전문가가 거의 없다는 것이다.

전문가는 다르다
창직 아이디어 공개

일자리 창출 전문가들을 발굴, 육성하여 창의적이고 지속적으로 이어질 때
건강한 직업 생태계가 조성된다.

　새로운 일자리 창출과 확대라는 것은 전문가가 맡지 않고는 그
결실을 만들어내는 데 한계가 있다. 그러다 보니 예산 낭비가 발생
할 수 있고 나아가서는 고용 목표에 차질이 생긴다.

　그래서 한국능률협회에서는 지자체 일자리 관련 전문가 육성
을 위한 일자리 창출 전문가 프로그램을 개발하여 운영하고 있다.
특정 지역 분석, 그 지역 사업 동향, 인구 분포 상황에 따른 지역의
미래 예측 등 일자리 창출과 관련된 전문적인 지식과 성공 사례,
이를 기반으로 한 노하우를 종합적으로 가르친다. 나는 내 모든 경
험과 아이디어를 아예 다운로드해줄 수 있었으면 좋겠다.

　지방의 경우 그 지역의 특산물에 우선적으로 주목할 필요가 있

다. 그 지역뿐만 아니라 전국을 대상으로 큰 범위에서의 일자리를 만들려면 아무래도 전국 어디에서나 통할 수 있는 특산물을 이용해보는 것이 효과적이다.

경북 영덕의 경우 게가 유명하다. 지금 그곳 어민들은 개별적으로 게를 잡아 팔고 있는데, 일자리 전문가의 주도로 마을 기업 혹은 사회적 기업으로서 유통 채널을 하나 만든다. 그리고 그 채널에서 일단 게를 모두 수매해준다. 개별적으로 파는 수고를 덜어주는 대신 가격은 5%나 10% 정도 싸게 하면 이 유통 채널에도 이득이 발생한다.

유통 채널에서는 사들인 영덕 게를 전국 시장을 대상으로 중개하며 마케팅을 한다. 말하자면 마을협동조합 같은 개념이다. 이 협동조합을 만들 경우 조합과 물류 관련 일자리가 생긴다. 고장 특산품 매매 관련 직종이므로 유지율도 낮지 않을 것이다.

기업 및 지역 맞춤형 일자리는 이렇게 만드는 것이다. 일자리 창출 전문가들을 발굴, 육성하여 그들이 전국적으로 이런 창의적이고 지속적인 사업을 벌일 때 건강한 직업 생태계가 조성된다. 나는 국정의 책임을 맡은 분들에게 말씀 드리고 싶다.

"지역 맞춤형 일자리 창출 전문가 육성은 일자리 창출과 고용률 상승의 지름길이며 희망입니다."

신직업과 창직 아이디어 공개 및 제안

창조경제의 핵심은 무엇인가? 일자리 창출이다.

　새로 지은 아파트를 소개하고 분양하는 모델하우스에는 '미녀'들이 많다. 미스코리아대회에 나가도 입상할 것 같은 외모의 여성들이 모델하우스를 찾는 이들을 안내한다. 그리고 그녀들의 안내를 마치면 계약 담당자와 구체적인 상담을 나눈다.

　아름다운 여성들이 고객을 안내하고 담당자들이 계약 관련 업무를 다루는 것은 뭐라 할 수 없다. 하지만 그들은 시공 주체인 시공사와는 아무 관련 없다. 그들은 분양대행사에 고용되어 일하는 임시 계약직으로, 그들의 활동에 따른 비용은 모두 아파트를 구매하는 이들에게 전가된다.

　분양하고 나면 분양에 따른 분쟁이 아무리 심해도 그들은 전혀 책임지지 않는다. 그들의 말을 믿고, 그들의 상담대로 계약했지만 그들은 계약직에 불과할 뿐이다. 더구나 그들이 아파트를 팔 때 자신들의 수당을 붙여 팔기 때문에 아파트 가격은 그만큼 상승하고 그 가격 인상분이 고스란히 소비자가 부담하게 된다. 한마디로 소비자만 봉이 된다.

소비자는 봉이 되어도 좋은 존재인가? 소비자가는 바로 우리 대다수 서민들이 아닌가. 젊었을 때부터 한 푼 두 푼 모은, 피 같은 돈으로 내 집을 마련하려는 꿈에 부푼 사람들에게 필요 이상의 비용을 부담하게 해서는 안 된다. 요즘에도 소비자보호원에 아파트 분양 계약과 관련된 민원이 많이 접수되고 있는 실정이다.

과거에 부동산중개업자의 공신력을 확보하고 공정한 부동산 거래 문화를 정착시키기 위해 1983년 부동산중개업법이 제정되어 공인중개사가 탄생한 것처럼 이제는 아파트 분양 대행도 공인 자격을 발급해서 양성화해야 한다.

공적인 기관에서 분양상담 전문가 양성 과정을 만들어 그 과정을 이수한 이들에게 자격증을 발급하고, 이들이 전국적으로 분포되어 있는 모델하우스에서 활동하는 것이다. 2014년 2월 현재 모델하우스는 전국에 약 600개에 이른다. 모델하우스 하나당 5명만 배치된다 해도 3,000개의 지속 가능한 일자리가 만들어진다. 분양 상담의 질이 향상되고 국가가 보증한 공인된 인력이므로 신뢰감이 더 확보될 수 있다. 건설과 분양 현장의 안 좋은 이미지도 개선할 수 있다.

이들 전문 인력을 양성하기 위해 정부에서 출연할 수도 있고 건설회사와 함께 지원할 수도 있을 것이다. 후자의 경우 건설회사가 이들을 직원으로 채용하여 시공에서 분양까지 모든 과정을 책임지는 모습을 보이면 소비자에게 기업 이미지를 높여갈 수 있다. 더구나 전문성을 인정받고 신뢰할 수 있는 분양상담 전문가를 양성해, 소비자가 안심하고 상담과 계약에 임할 수 있도록 해야 한다. 분양상담 전문가 역시 건설회사의 직원으로 정해진 월급을 받도록 해, 지금처럼 수당제에 따른 문제도 해결해야 한다.

분양상담 전문가, 꼭 한 번 생각해봐야 할 미래 직업 중 하나다.

창조경제의 핵심은 무엇인가? 결국 일자리 창출이다.

외국 사례에서 배우는
창직 가능 직업들

새로운 직업을 만들 수 있는 무궁무진한 가능성이 널려 있다.
현실적으로 창출할 수 있고 지속가능한 직업들을 살펴본다.

현재 우리나라에 존재하는 직업 개수는 선진국의 절반이나 3분의 1 정도밖에 되지 않는다는 사실을 앞서 언급한 바 있다. 선진국의 직업들 중 우리나라에 없는 직업을 찾아서 벤치마킹할 수 있어야 한다. 처음에는 다소 생소할 수는 있지만 결국 정착될 것이다. 10년 전까지만 해도 병원코디네이터, 바리스타, 소믈리에, 수중재활 전문가 등의 직업은 생소했지만 이제는 대중적으로 잘 알려진 전문직이지 않은가.

우리나라에는 새로운 직업을 만들 수 있는 무궁무진한 가능성이 널려 있다. 해외 직업과 국내 연구 논문들, 그리고 내 실전 경험과 노하우를 바탕으로 현실적으로 창출이 가능한 직업들을 살펴보자.

• 중독 상담 전문가

사회적으로 경쟁이 치열할수록 경쟁 대열에서 낙오된 사람들이 늘어가고 있다. 이들 중에는 마음에 심각한 상처를 입고 '마음의 병'으로 고생하는 이들이 있다. 남이나 자신을 공격하는 공격성을 드러내기도 한다. 전자의 경우 큰 사건을 일으키기도 하고, 후자의 경우 자해를 하거나 한정된 공간에 스스로를 가두기도 한다. 알코올 의존성도 높아지고 현실을 잊기 위한 도박에 빠져들 수도 있다. 스마트폰, PC게임 등 디지털 중독 증상을 나타낼 수 있다.

도박이나 알코올, 디지털 등에 중독된 사람은 뇌 자체가 변한다는 의학 연구도 있으므로 중독자 혼자의 힘으로 이를 극복하기 어렵다. 도우미, 즉 중독 상담 전문가가 필요하다. 그런데 이렇듯 국민 건강에 절대적으로 필요한 중독 상담 전문가의 공적인 자격증 시스템이 되어 있지 않다. 미국에서는 중독자 개인뿐만 아니라 가족 또는 중독자 그룹을 상대로 상담 전문가가 강의 및 상담을 진행한다. 2010년 현재 미국 내 종사자 수는 8만 6천 명가량인데, 그 수는 증가일로에 있다. 유지율이 높은 직업이라는 방증이다.

• 양육코디네이터

미국에서는 민간에서 이혼 부부의 자녀를 돌보고, 이혼하려는 부부 양측의 원만한 해결점을 찾는 일을 하는 직업으로 그 수요가 높다. 우리나라는 가정법원의 가사조사관이 양육코디네이터의 업무를 일부 수행하고 있을 따름이다.

바람직하지는 않지만 갈수록 이혼 부부가 늘어나는 게 현실적인 추세고 그에 따라 자녀 양육을 협의해야 하는 경우가 증가하므로 앞으로 꼭 필요한 직업 중 하나가 될 것이다. 공무원 신분의 가사조사관을 대거 채용할 수 없다면 전문적인 교육 과정과 자격 제도를 신설하여 좋은 인력을 배출해야 한다.

• 보조교사

우리나라에도 이미 보조교사들이 많이 활동하고 있다. 주로 어린이집과 초등학교 및 중학교에서 여러 가지의 방과후 활동과 특수학급 보조, 과학교사 보조, 영어회화 보조, 담임선생님 보조 등의 일을 하고 있다. 그러나 지금보다 더 다양하고 전문적인 분야로 넓힐 필요가 있다.

예를 들어 기술, 공업, 디지털 분야 등은 일반 교사들의 전문성이 부족한 경우가 많다. 변화하는 사회에 적응하고 대처하기 위해서 이러한 분야의 지식은 학생들에게 반드시 필요하다. 따라서 이에 대한 전문성을 갖춘 보조교사를 양성한다면 그 수요는 개발하기에 따라 무궁무진할 것이다.

미국은 보조교사가 약 130만 명에 이를 정도로 그 고용 규모가 크다.

• 수의 테크니션

오늘날 반려동물과 함께 생활하는 우리나라 인구는 1천만 명에 이른다. 인구 4~5명당 1명꼴이다. 세대수로 치면 400만 가구다. 이러다 보니 관련 산업 규모는 무려 2조 원에 이른다. 게다가 반려동물 시장은 1인세대, 고령화 등의 추세를 감안해볼 때 앞으로 꾸준히 증가할 전망이다.

2008년부터 우리나라에서도 동물 간호복지사 민간 자격을 만들고 운영 중이지만 늘어나는 수요와 전문성을 고려할 때 부족하다는 생각이 든다. 국가자격증 시스템으로 육성하거나 국가공인 민간 자격증 제도를 도입하여 공신력을 높이고, 업무 성격상 전문성을 극대화할 필요가 있다. 그렇게 되면 수의 테크니션의 직업유지력은 한층 더 강해지고 채용 또한 더 확대될 것이다.

• 보조약사

약국에 가면 약사 보조 업무를 하는 이들을 흔히 볼 수 있다. 하지만 보조약사는 우리나라에는 공식적으로 없는 직업이다. 2009년 보조약사 제도를 위한 논의가 있었지만 아직 본격적으로 제도화를 추진한 적은 없다. 현실적으로 약사 보조 업무를 하고 있는 인력의 역량을 강화시켜 안정적인 직업으로 만든다면 어떨까. 전국에 있는 약국의 수를 감안하면 상당한 고용률 상승 효과를 볼 수 있을 것이다.

• 검안사

'몸이 만 냥이면 눈은 9천 냥'이라는 말이 있다. 그만큼 눈의 중요성을 강조한 말이다. 우리나라에서 눈 검사와 진료에 관련된 인력은 안과의사와 안경사, 둘뿐이다. 현행법상 안경사의 업무는 '시력보정용 안경의 조제 및 판매업과 콘택트렌즈의 판매업'으로 한정되어 있다. 즉 안경은 조제할 수 있지만 콘택트렌즈는 조제할 수 없고 판매만 가능하다는 것이다.

그러나 일반인들은 안경점에서 렌즈를 처방받는 것을 선호한다. 안경점에서는 시력 검사 등의 진료비를 별도로 받지 않지만 안과에 가면 진료비를 별도로 부담해야 하기 때문이다. 게다가 안과가 없는 지역의 경우 렌즈를 맞추려면 일부러 안과를 찾아가야 하는 불편함도 따른다. 따라서 이런 현실과 국민들의 편의를 감안해 안과 의료 기사를 양성할 필요가 있다.

• 척추교정 의사

세계 80여 개 국가에서 인정된 직업이다. 특히 미국, 일본, 영국 등에 서는 전문 직업으로 자리 잡았다. 그럼에도 불구하고 우리나라에서 는 공식적으로 직업 인정이 안 된 채 의료행위가 진행되는 것을 볼 수 있다. 척추교정원에 대한 수요가 있음에도 법의 테두리 안에 들 어와 있지 않는 상황이다. 척추질환은 고령화사회에서 흔히 볼 수 있는 질병이므로 척추교정 의사는 지속성 있는 직업이라 하겠다.

• 사별 극복 상담사

가족과의 이별은 누구에게나 엄청난 충격이다. 오랫동안 지병을 앓다가 이별하는 경우도 마음 아프지만 교통사고나 범죄 피해, 돌 연사, 급사 등으로 인해 갑작스럽게 가족을 잃는 경우의 충격은 말 로 표현하기 어려울 정도다. 사회가 복잡해지고 사건사고가 늘면 서 생각지 못하게 가족과 이별하는 피해를 입는 사람들이 늘어가 고 있다.

이들이 입은 상처와 겪어야 하는 스트레스의 크기는 일상생활에 서 겪는 그것과 확연히 다르다. 즉각적이면서도 섬세한 보살핌이 필요한 상황이다. 아픔을 위로하고 상처를 치유하면서 스트레스 를 해소할 수 있는 상담, 치유 프로그램을 진행하는 전문가가 있어야 한다.

우리나라에 이런 일을 전문적으로 하는 이들의 숫자는 턱없이 적다. 그래서 사건사고가 발생할 때마다 상담심리 전문가에 대한 필요성이 대두된다. 미국과 같은 선진국에서는 이러한 상담사들이 각종 상담소, 병원, 종교단체 등에 근무하면서 의사와 사회복지사와 팀을 이루어 상처 입은 이들의 마음을 어루만지고 있다. 우리나라도 해외의 사례를 참고하여 이 직업을 개발해야 한다.

• 정신대화사

일본에 있는 직업이다. 사회에 적응하지 못하는 은둔형 외톨이와 홀로된 고령자 등을 대상으로, 삶의 의지와 정신적 위안을 주기 위한 대화 서비스를 한다. 우리나라에서도 컴퓨터게임이나 실업에 따른 소외감 때문에 은둔형 외톨이가 늘어가는 데다 고령화사회로 접어드는 만큼 그들을 위한 전문 직업인이 필요하다.

• 사립탐정

미국, 일본, 캐나다, 프랑스 등 OECD 국가에서는 사립탐정들이 합법적으로 활동하고 있다. 우리나라의 경우 보험조사, 개인조사, 민사문제 등 시장 수요가 많지만 아직 제도화되지 않았으나 2014년부터 정부에서 신직업으로 인정, 육성과 지원 계획을 세우고 있다.
몇몇 대학 사회교육원에 강좌가 개설되어 있으니 관심 있는 이들
은 과감하게 도전해보는 것도 좋을 것이다.

• 방문미용사
가끔 장애인이나 독거 어르신 대상 행사나 공연장에 가보면 깜짝
놀랄 때가 있다. 정말 많은 사람들이 한자리에 모여 있는 것을 보면
서 평소에 이분들이 외출하지 못했던 갑갑함과 바깥활동을 함으
로써 느끼는 행복감이 내 피부에 와 닿는다.
거동이 불편한 장애인이나 독거 어르신은 외출이 어렵다 보니 미
용실에 가기도 힘들다. 이런 분들을 위해 방문미용사가 있다면 어
떨까? 우리나라에서 방문미용사는 봉사활동 개념일 뿐 직업인으
로 활동하지는 않는다. 봉사는 봉사일 뿐이다. 많은 이들이 활동하
는 것이 아닌 만큼 그 혜택을 보는 이 또한 한정적일 수밖에 없다.
방문미용사가 하나의 직업으로 자리 잡는다면 수요는 꾸준히 증
가할 것이다. 일본에서는 협회를 중심으로 방문미용사들이 활동
하고 있다.

• 복지주거환경 코디네이터

외출이 불가능해 집에서만 생활하는 장애인들의 숫자는 우리가 인식하고 있는 것보다 훨씬 많다. 이런 사람들을 위해 필요한 직업이 복지주거환경 코디네이터다.

이 직업은 몸이 불편한 이들의 장애 정도와 가족의 상황을 고려하여, 문턱 없는 주택 신축이나 개축, 인테리어 등에 관해 상담, 자문, 조언을 해줄 수 있다. 이 직업의 종사자들은 주택 건축에 관한 지식, 고령자와 장애인들의 생활 특성, 복지, 의료 등에 관한 일정 수준 이상의 소양을 갖추어야 한다.

• 고용평등 감독관

전국적으로 15개 고용평등 상담실이 운영되고 있지만, 그곳에서 일하는 이들 대부분이 NGO 활동가나 노무사다. 평등한 고용 형태를 위한 전문성을 가진 인력이 필요하다.

현재 우리나라 노동시장은 비정규직 확산 등 고용 유연성이 확대되는 추세이고, 그에 따라 고용차별, 성차별 등이 발생할 가능성도 높아지고 있다. 또한 다문화사회로 빠르게 이행하면서 이 직업에 대한 외국인 수요자도 늘어날 것이다.

• 기업 컨시어지

기업의 임직원을 대상으로 근무시간에 일에만 전념할 수 있도록 필요한 모든 서비스를 제공해주는 직업이다. 개인의 사생활 중 일부 업무를 도맡아 한다. 현재 우리나라에서는 2~3개 전문 업체에서 50여 명의 기업 컨시어지가 활동하고 있다. 주로 외국계 기업과 VIP 대상에서 일반 공공기업과 근로자로 그 서비스 대상이 확대될 것으로 전망된다.

이들 직업 외에도 유전학 상담 전문가라든지 제대군인 재활 전문가, 그린 마케터 등 벤치마킹할 직업이 많이 있지만, 현실적으로 법 개정이 필요하거나 아직 우리나라 실정에는 맞지 않다고 판단되는 것들은 여기에 담지 않았다. 앞으로 우리나라에 위와 같은 직업을 포함하여 신직업이 많이 창출되었으면 하는 바람이다.

신직업 창출의 효과

전문성을 부가하고 키워 부가가치를 높이는 것 역시 창조다.
그것이 경제에 기여하므로 자연스럽게 창조경제가 된다.

바야흐로 소프트웨어의 시대다. 과거 그 어느 때보다 소프트웨어의 중요성이 강조되고 있고 실제로 그 무형의 재화는 눈에 보이는 재화를 엄청나게 생산해낸다. 세계 제일의 부를 움켜쥔 빌게이츠의 마이크로소프트나 스티브 잡스의 애플도 모두 소프트웨어 산업에 기초한 것이 아닌가.

이러한 소프트웨어의 중요성은 신직업 창출에서도 여실히 드러난다.

지자체에서 지역맞춤형 사업을 할 때 들이는 비용이 보통 2~3억 원이다. 그 거액을 들여 취업시키는 수가 얼마나 될까? 놀랍게도 불과 40명 정도다. 그렇게 취업한 사람들이 한 달에 받는 급여는? 150만 원이 채 안 되는 경우가 많다. 그러다 보니 취업안정성이 떨어지고 1, 2년 사이에 40명 중 절반가량이 직장을 그만두곤 한다. 크나큰 예산 낭비가 아닐 수 없다.

그렇듯 거액의 국민 혈세를 들여 취업을 시켰는데 왜 이런 결과가 나오는 것일까? 이유는 간단하다. 그 인력이 기여 혹은 관여할 시장이 확대되지 않았거나 아예 그 시장 자체가 없기 때문이다. 그 상태에서 기계적으로 인력교육만 시켜 기존 시장에 내보내니 수요가 생기지 않는 것이다.

신직업은 시장을 보는 눈에서 비롯되어야 한다. 시장, 곧 수요는 있지만 인력은 없는 분야, 혹은 인력이 태부족인 분야, 그 빈틈을 보고 거기 새로운 인력을 투입하는 것이 바로 신직업 개발의 요체다.

웨딩플래너 한 직종으로 현재 수천 명이 일을 한다. 병원코디네이터도 수천의 일꾼이 있다. 자랑이 될까 싶어 다소간 망설여지지만 창직 분야에서 아이디어, 소프트웨어의 중요성을 보여주는 예로 이보다 더 좋은 경우는 찾기 어렵다.

정부에서 창조경제라는 말을 많이 하지만 이런 것들이 바로 창조의 핵심 아닐까 싶다. 여기서 창조란 전혀 새로운 것을 만드는 발명과도 다르다. 기존의 유사 직업에 전문성을 부가하고 키워서 그 부가가치를 높이는 일도 값진 창조다. 그것이 경제에 기여하므로 자연 창조경제가 되는 것이다.

그러한 아이디어는 한정된 두뇌집단, 소위 공부 많이 한 싱크탱크에서만 나오는 것이 아니다. 보다 광범한 사람들의 아이디어를 모아야 한다. 오히려 책상물림 학자나 교수보다는 생활현장, 경제현장에서 살 비비고 사는 이들에게서 실현 가능한 아이디어가 나올 가능성이 훨씬 높다.

수시로 새로운 직업에 관한 아이디어를 국민들에게 공모해야 한다. 그 공모에서 채택된 아이디어는 현실화시키고, 그 결과를 오픈하고, 신직업 페스티벌 등을 통해 홍보하면서 국민 모두가 끝까지 참여하도록 유도해야 한다. 특히 청소년들에게 다양한 직업 세계를 소개해주고 도전할 직업에 폭넓은 기회를 주는 것은 필수적이다. 평범한 서민도 새로운 직업을 만들어낼 수 있고 국가적인 규모의 경제에 이바지할 수 있다는 자부심을 심어주며 가능성을 증명해주어야 한다.

창직 전문가로서, 쓰러질 때까지 죽기 살기로 창직에 매달려 일을 해냈던 경험자로서 나는 안타까운 마음으로 말하고 싶다.

"창조는 멀리 있지 않다."

3
Part

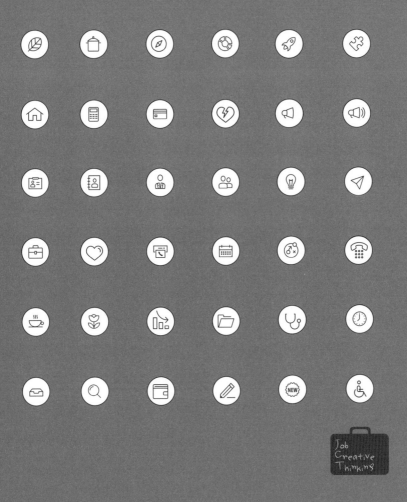

꿈, 세상에서
제일 좋은 바이러스

이승엽과 대졸 실업

적절한 기회를 만나 노력하고 제대로 된 코치가 붙었을 때
시너지 효과를 일으키며 실력이 최대로 발휘된다.

이승엽 선수는 우리나라를 대표하는 홈런타자다. 아마도 탁월
한 스포츠 재능에 본인의 노력이 더해진 결과일 것이다. 또한 그의
옆에서 타격과 여러 가지 훈련에 조언과 조련을 담당한 코칭 스태
프의 역할도 컸을 것이다. 이렇듯 좋은 자질을 타고난 이승엽 선수
가 만일 적절한 시기에 야구를 시작하지 않았다면, 좋은 코치가 없
었다면 어떻게 되었을까?

말콤 글래드웰의 베스트셀러《아웃 라이어》에는 적절한 기회나
계기를 만나 성공을 거둔 사람들의 이야기가 소개되어 있다. 1971
년 세계 최고의 컴퓨터공학 프로그램이 있는 미국 미시건대학의
컴퓨터센터에서 빌 조이라는 소년은 프로그래밍에 푹 빠져서 유

닉스 코드를 다시 쓰는 일을 맡아 새로운 버전을 개발해냈다. 이것은 우수성을 인정받아 전 세계 수백만 대의 컴퓨터가 운영체계로 채택했다.

당시만 해도 컴퓨터의 크기가 지금보다 훨씬 컸고 대중화되기 전이어서, 빌의 경험은 일반적으로 체험하기 쉽지 않은 귀중한 것이었고 소프트웨어 전문가로 성장하기 위한 밑거름이 된다. 빌은 나중에 썬 마이크로시스템즈의 공동 창립자가 되었다.

이 이야기는 자질이 있더라도 적시적소에 이를 풀어낼 기회나 계기를 얻지 못하면 타고난 능력을 발휘하기 어렵다는 진리를 깨닫게 해준다. 적절한 기회를 만났을 때 개개인의 노력도 최선으로 나오는 법이다. 또한 그 노력에 제대로 된 코치가 붙었을 때 시너지 효과를 일으키며 실력이 최대한 발휘되는 것이다.

어느 때부터인가 우리나라에서 '청년실업'이라는 말이 익숙한 일상용어가 되어버렸다. 청년실업, 대졸자 실업…….

무리도 아니다. 지난 2013년 전체 실업자 수는 80만 7,000명, 이 중 대학교 졸업 이상이 35만 5,000명이었다. 거기다 실업을 피해 휴학이나 대학원에 진학한 사람 수를 감안하면 실질적인 실업 인구 수는 훨씬 더 늘어날 것이다.

해마다 50여만 명 가까운 청년들이 대학을 졸업하는데, 졸업과 함께 실업자가 되는 경우가 20%나 된다고 한다. 또한 취업을 한 사람들 중 87%가 자기 전공과 상관없는 분야나 직장에서 일한다고 한다. 그나마 그들이 그 직장에서 오래 일하는 것도 아니다. 1년 이내 퇴사하는 비율이 무려 31%에 육박하고 있다. 대기업도 20% 이상이라 하니 더 말을 해 무엇 할까. 전체 평균치로는 입사한 사람 10명 중 4명가량이 자진퇴사하고 있다.

요즘 취업하기 정말 어렵다. 그런데 애써 취업해놓고 퇴사해 다른 곳을 찾는다면 청년들도 인생의 손실이지만 기업도 커다란 손실이 아닐 수 없다. 한국직업능력개발원에서 조사한 바에 의하면 신입 직원들이 회사에서 기대하는 직무수행능력을 발휘하기까지 평균 2.31년 소요되고, 회사가 부담하는 연평균 1인당 급여를 제외한 순수 재교육비용은 203.8만 원이라고 한다. 그뿐 아니다. 국가는 국가대로 청년취업 및 관련 교육 예산이 4천 억 원대라고 한다. 국가도 손해다. 국가가 손해라는 건 우리 모두의 손실이라는 의미가 된다.

도대체 무엇이 문제일까?

우리 사회의 구조적인 문제, 또 대학 내에도 문제가 산적해 있지만 우선 학생들이 꿈을 제대로 꾸지 못한다는 것도 주요한 문제 중

하나로 보인다. 그건 학생들 책임이 아니다. 어릴 때부터 꿈을 꿀 수 있는 토양을 만나지 못했던 것이다. 이승엽 선수처럼 일찍부터 자신의 소질을 계발할 분야를 찾는 것은 행운에 가깝다. 오로지 입시 위주의 교육에 매몰되어 있다 보니 아이들 개개인의 적성을 찾기 어렵다. 이대로 가다간 우리나라 각 분야에서 이승엽 선수는 나오기가 점점 더 힘들어질지도 모른다. 대학생 이전, 중고등학교 시절부터 살펴볼 필요가 있다.

꿈은 보는 만큼 꿀 수 있다
중고생들의 꿈과 진로

학교는 한 인간의 DNA를 건강하게 키워주는 곳이 되어야 한다.
한마디로 학교는 꿈의 DNA 공장이 되어야 한다.

'고등학생'이라는 말 앞에 '꿈 많은'이라는 수식어가 잘 붙는다.
과중한 입시경쟁에 치여서 헉헉대기는 하지만 사실 무한한 가능
성과 꿈이 있는 나이가 아니던가.

오래 전 일이지만, 꿈 많은 여 중고생들을 대상으로 장래에 무엇
을 하고 싶은지 설문조사를 한 적이 있다. 과연 학생들은 이 수식
어대로 꿈이 많을까? 설문조사 결과 30% 가까이 장래 희망이 교
사라고 답했다. 꿈의 색깔이 다양해야 할 시기에 지나치게 비슷한
꿈을 꾼다는 생각이 들었다. 교사라는 직업이 그렇게 좋아서일까?

우리 사회에서 여교사는 결혼 상대로 인기가 있고 이미지도 좋
다. 아무리 그렇다고 해도 여 중고생 3명 중 1명 꼴로 교사를 지망

하는 건 언뜻 이해가 가지 않는다. 막연한 희망일 수도 있지만 이
토록 많은 학생들이 같은 꿈을 꾸는 것이 문제로 보였다. 진심으로
설문 결과의 이유가 궁금했다. 왜 여학생들은 교사를 그토록 희망
하는가? 곰곰이 생각해봤더니 어렵지 않게 답을 얻을 수 있었다.

학생들이 접하는 직업들은 생각보다 다양하지 않았다. 세상에
존재하는 수많은 다양한 직업군을 잘 알지 못하고, 누군가 신경 써
서 소개해주는 사람도 부족하다. 그러다 보니 아이들은 자신이 직
접 눈으로 목격한, 몇 개 안 되는 직업들 중에서 선택할 수밖에 없
는 것이다.

게다가 안정적인 직업을 바라는 부모들의 희망도 아이들의 꿈
을 결정하는 데 영향을 미치고 있었다. 앞날이 불안한 만큼 교사,
공무원과 같은 소위 안정적인 직업에 대한 선호도는 높아졌고, 이
러한 어른들의 바람이 아이들에게로 대물림되어 그대로 나타나
고 있었다.

그래서 나는 2002년 여성부와 함께 여성들을 위한 새로운 직업
박람회를 열었다. 세상에 좋은 직업은 교사만 있는 게 아니다. 교
사 말고도, 변호사나 의사 말고도 좋은 직업은 얼마든지 있다는 것
을 보여주고 체험시켜 어린 학생들이 구체적인 꿈을 꾸게 하고 싶
었다. 여의도 중소기업 전시관에서 행사를 개최했다.

박람회 정식 명칭은 '여성 신직업 페스티벌'이었다. 그때 참여한 여학생들의 모습을 보면서 저토록 꿈이 다양하고 많아야 하는 시절에 획일적인 꿈만 가지고 있는 현실이 십분 이해되면서 한편으로는 측은하기도 했다.

펀드매니저, 광고기획자, 카피라이터, 아바타 디자이너, 우주항공기술자, 음악치료사, 와인 소믈리에, 푸드스타일리스트, 애견미용사, 헤어디자이너 등 신유망 직업 100개 이상을 선정해 페스티벌 마당에 각각의 전문 부스를 설치했다. 학생들은 박람회장을 돌아다니다 관심 있는 부스에 들어가, 그 직업의 세계를 눈으로 보고 설명을 듣고 잠시나마 직접 체험도 해볼 수 있었다.

각 직업별 부스마다 구체적으로 어떤 길을 밟아야 하는지, 어떤 대학과 어떤 전공을 선택하고, 연봉은 어느 정도인지 등등 모든 정보를 접할 수 있도록 했다. 또 그런 정보들이 정리되어 있는 가이드북과 직업 지도를 배포했다. 적성검사관 부스도 설치했다. 그곳에서는 즉석에서 무료로 적성 검사 및 전문 상담원과 1 대 1 면담을 할 수 있도록 했다. 성적이 아니라 적성을 체크하는 것이다.

참여자들, 특히 학생들의 반응은 가히 폭발적이었다. 단 3일 동안 열린 행사에 엄청나게 많은 학생들이 몰려들었다. 약 3만 명 이상이 참가했다. 학생들의 무리를 보며 와 하는 감탄이 절로 나왔다. 어린 학생들은 입시와 공부에 눌려 자신의 미래에 대한 생각, 즉 꿈을 유예하고 있었을 뿐, 꿈과 미래에 대한 관심과 생각과 궁금증은 늘 갖고 있었던 것이다.

그때 직업 체험을 하고 돌아가는 몇몇 학생들과 이야기를 나누었던 기억이 지금도 새롭다. 그들은 이렇게 말했다.

"직업이란 게 이렇게 많은 줄 정말 몰랐어요."

"이젠 저도 목표가 뚜렷해졌어요. 공부를 왜 해야 하는지 알게 되었어요."

"전 여기 와서 장래 직업을 바꾸게 됐어요."

이 행사를 계기로 어린이들이 직업 세계를 놀이처럼 직접 체험하고 정보를 익히고 느끼는 키자니아나 잡월드가 인기를 누릴 수 있었다. 요즈음은 이 두 곳이 어린이들이 꼭 가봐야 하는 인기 놀이터 겸 교육터가 되어 있다.

자라나는 학생들에 대한 진로지도는 일상에서 이루어져야 한다. 특히 학교에서 이루어져야 한다. 아무리 의미 있는 행사라도 행사는 일회성에 그치고 만다. 그 행사에 많은 학생들이 참여했더라도 전체 학생들 수에 비하면 미미할 뿐이지 않은가.

나는 묻고 싶다.

"학교에 보건교사가 있고 영양사도 있다. 전문 인력이다. 그런데 학생들과 함께 꿈에 대해 이야기를 나누고 그 꿈을 전문적으로 관리해줄 꿈 상담사, 꿈 전도사는 왜 없는가? 진로지도사는 왜 없는가?"

진로지도사는 교사들과는 또 다른 안목을 갖고 꿈을 비전화하여 제시할 수 있어야 한다. 늦은 감이 있지만 정부에서는 2013년부터 중학교 1학년 자유학기제 도입을 시작으로 본격적인 진로교육 정책을 펴기 시작하며 학생들에게 각자의 꿈과 진로, 직업 세계의 중요성을 알려주고 있다. 이를 계기로 아이들의 꿈과 직업 세계가 풍성해질 수 있기를 바라며, 적극적인 진로지도사 양성도 기대한다.

21세기 학교는 지식만 연마하는 곳이어서는 안 된다. 학교는 한 인간의 DNA를 건강하게 키워주는 곳이 되어야 한다. 인성, 도덕성, 창의성을 길러주고, 초등학교에서 고등학교까지의 교육과정과 대학이 연계되어 아이들이 가진 소질과 적성에 근거한 직업적인 기술과 소양을 길러주어야 한다. 한마디로 학교는 꿈의 DNA 공장이 되어야 한다.

그 꿈 DNA 공장을 향한 첫 시도로 비전스쿨 프로그램을 운영하고 있다. 이에 대해서는 뒤에 가서 자세하게 소개하겠다.

"교수님, 이 강의 들으셔야 합니다"
대학생들의 꿈과 진로

비전을 가진 학과를 신설하거나 기존 학과를 변화시켜야 한다.
인재를 육성하는 시스템도 그럴 때 나올 수 있다.

대개의 청소년들이 직업에 대해 이렇다 할 체험도, 체험을 통한 느낌도, 구체적인 고민도 없이 공부만 열심히 해서 대학에 간다. 그렇게 진학한 대학에서 토익, 토플, 일반상식 등의 취업공부를 열심히 하고 외국어와 컴퓨터 등의 스펙을 쌓는다. 하지만 막상 취업에 성공하면 수년 동안 청춘을 바쳤던 학습이 전혀 소용없는 곳에서 업무를 진행한다. 무슨 신명이 나서 일할 수 있으며, 일을 지속할 수 있겠는가.

이것이 우리나라 대졸 취업 현장의 속사정이다. 현실이 이러하니 이직률이 높지 않으면 오히려 이상한 일이다. "큰 회사니까 우선 취직하고 보자", "연봉도 괜찮으니 다니고 보자" 등 비전이 아니라 '비주얼'을 보고 입사한 회사니 "옮기고 보자"가 쉽게 나올 수밖에.

대학생들도 꿈을 꿀 수 있도록 해야 한다. 그것은 그들이 아니라 우리 기성세대가 마련해줘야 할 몫이다.

꿈을 실현할 수 있는 환경을 만드는 것은 거창하고 어려운 일이 아니다. 꿈을 꾸는 대로 직업을 갖게 하기 위해서는 우선 자신의 적성과 꿈을 명확히 파악한 후 그에 맞는 직업을 알아내야 한다. 그리고 그 직업에 맞게 준비해나가면 된다.

예컨대 어떤 청년이 A기업에 입사할 계획이 있으면 그 기업에서 필요로 하는 인재상은 어떠한지, 그에 필요한 업무 역량은 무엇인지를 정확히 파악하고 준비해야 한다. 진로 지도는 이를 옆에서 도와주는 것에서부터 시작하면 된다.

지금은 좀 나아졌지만 얼마 전까지만 해도 대학에서 취업 관련 교수들이나 취업 지원 부서 직원은 학생들의 이력서를 고쳐주고 면접 스킬을 전해주는 게 취업 지원의 전부로 여겼다고 해도 과언이 아니다.

이러한 취업 지원이 이루어진 이유는 단 하나다. 취업 지원에 활동하는 인력의 전문성이 부족하기 때문이다. 기업이나 취업 현장에 대한 전문적인 지식과 사고가 뒷받침되어야 제대로 지도할 수 있다. 또한 시간과 사명감 문제도 있다. 자신의 주 업무 외에 부수적으로 취업 지원 업무를 진행하다 보니 시간에 쫓기고 사명감도 그다지 높지 않다.

이러한 현장 상황을 극복하고자 만든 것이 커리어 컨설턴트 과정이다. 이는 제자들의 진로를 함께 고민하는 교수님들과 기존의 취업지원관 업무를 맡고 있는 이들을 대상으로 하는 취업지도 전문가 과정을 개발해, 산업 현황 전반에서부터 기업별 맞춤형 이력서와 자기소개서 쓰는 방법까지, 취업지도에 필요한 모든 것을 알려주는 원스톱 강좌다. 이 강좌는 취업지도 방법을 잘 몰라서 고민하는 교수들의 큰 환호를 받았다. 그동안 취업지도에 소극적이었던 교수님들도 적극적인 자세로 바뀌는 계기가 되기도 했다.

한국능률협회는 대기업, 중소기업, 벤처기업을 비롯해 800여 개 기업 회원사를 보유하고 있으므로 회원사의 채용에 관한 정보, 각 기업은 어떤 인재를 요구하고 있고 어떤 역량을 갖춘 사람을 채용하고자 하는지를 잘 알고 있다. 이를 교수님들과 취업지원관들에게 가감 없이 전함으로써 대학과 기업의 징검다리 역할을 하고 있다.

"천하의 어려운 일은 반드시 쉬운 데에서 시작하고, 천하의 큰

일은 반드시 미세한 데에서 일어난다"는 중국 성현 노자의 말처럼, 인식을 바꾸는 것 하나만으로도 충분히 큰일을 도모할 수 있다. 인식이나 습관적인 시각 하나를 바꾸어 대단한 효과를 거둔 사례가 있다. 월마트가 그것이다.

미국 월마트가 고객들의 구매 경향을 분석해봤더니 맥주를 구입한 사람이 기저귀를 함께 사갔다는 의외의 사실을 알게 되었다. 맥주와 기저귀. 도무지 매치가 되지 않는 물품이었다. 맥주 매대와 기저귀 매대에 사람을 배치해놓고 그 물품 구매 고객들을 관찰했다. 관찰 결과 젊은 남자들이 아내의 심부름으로 마트에 와서 기저귀를 사면서 자신이 마실 맥주를 함께 산다는 걸 알게 되었다. 곧 월마트는 맥주와 기저귀를 나란히 진열했다. 그 결과 맥주와 기저귀 모두 무려 수십 배 이상의 판매량 증가를 보였다. 오랜 관습적 사고에서 슬쩍 비켜섰을 때의 놀라운 효과를 보여주는 대표적인 사례라 하겠다.

미래를 준비할 수 있는 비전을 가진 학과를 신설하거나 그게 어렵다면 새로운 방향으로 기존 학과를 변화시켜야 한다. 산업 환경 트렌드에 맞춰 발 빠르게 인재를 육성할 수 있는 시스템도 그럴 때 나올 수 있을 것이다.

사실 그런 체질 개선이 잘 안 되는 이유 중 하나는, 감히 말하건대 교수들의 밥그릇 싸움 때문인 경우가 많다. 학생들을 지도하는 교수들의 획기적인 변화가 요구되는 이유다.

신입은 없다

새로운 치즈를 찾아 미로 속으로 과감히 나서야 할 때다.
변화된 환경에 자신을 맞추고 이겨낼 때다.

우리 사회에 이제 신입은 없다. 비장하고도, 어찌 보면 비정한 말이지만 이는 사실이다. 빠르게 변하는 경영환경에서 기업들이 신입사원보다 업무에 바로 투입할 수 있는 경력사원을 선호한다. 성과를 내기 위해서는 어쩔 수 없다고 한다.

그러나 아무리 경력사원을 선호한다 해도 신입을 안 뽑을 수는 없는 일이다. 경력사원이 그 정도로 많지도 않다. 그런데 문제는 기업들이 신입이라도 신입 같지 않은, 경력사원에 준하는 인력을 요구한다는 것이다. 즉 기업들은 준비된 인재를 요구한다.

대학이 완성된 직장인을 배출하는 취업학원은 아니지만 더 이상은 과거처럼 상아탑에만 머물러 있을 수는 없게 되었다. 순수 학문과 함께 사회인으로서, 직장인으로서의 기본 소양 정도는 익히고 입사해야 한다는 것이 기업들의 한결 같은 입장이다. 대학생들의 사전역량 교육이 절대적으로 필요한 이유다.

예비직장인 과정과 직업 기초역량 강화 과정을 개설한 것도 그런 이유에서다. 큰 테두리에서는 전략기획, 마케팅, 생산관리, 금융, 물류관리 등의 기업 실무를 개괄적으로 배우고, 보다 구체적으로는 셀프 리더십, 비즈니스 글쓰기, 기획안 작성, 프레젠테이션 스킬, 비즈니스 매너 등 직업 기초실무능력을 배양한다.

이러한 과정은 사실 대학에서 강좌를 개설하고 인력을 길러내야 하는 것이지만 그런 경우가 드물다. 실용 학문을 배우는 학과라고 해도 각 기업의 현실에 맞춤형으로 교육 프로그램이 짜여 있지 않은 경우도 많다.

그나마 다행인 것은 각 대학별로 취업센터를 통해 기업에 맞는 맞춤형 인재 육성 프로그램들이 다양하게 운영되고 있다는 것이다. 산업별 및 업종별 기업 맞춤형 인재 육성에 대한 사전역량 교육들이 바로 그것이다.

세계적인 베스트셀러 작가 스펜서 존슨의 짤막한 우화 형태의 책《누가 내 치즈를 옮겼을까》를 보면 이런 이야기가 나온다.

먼 옛날, 스니프와 스커리라는 작은 생쥐 두 마리와, 딱 그 쥐들만 한 키의 꼬마 인간 헴과 허가 미로 속에서 함께 살았다. 이들은 그 미로 속에서 자신들이 먹을 치즈를 찾아다녔고 마침내 엄청난 양의 치즈 창고를 발견한다. 그 다음부터는 하루하루가 행복한 나날이다. 그런데 어찌 알았을까. 어느 날 깨어나 보니 하루아침에 그 많던 치즈가 온데간데없이 사라져버릴 줄.

곰곰이 돌아보면 그 많던 치즈는 그렇게 갑자기 사라진 것이 아니라 조금씩 닳아 없어져 갔던 것인데 그걸 인지하지 못하고 있었던 것이다.

스니프와 스커리, 두 마리 생쥐는 한 치의 망설임도 없이 곧 또 다른 치즈를 찾아 미로를 향해 나서지만 헴과 허는 '이건 있을 수 없는 일이야. 치즈는 다시 이 창고에 채워질 거야'라며 안일한 불평만 쏟아낸다. 그러다 허는 상황을 분석하기 시작했고 또 다른 치즈를 찾아 미로 속으로 들어간다. 그는 두려움을 이기며 나아가 곧 다른 치즈 창고를 찾아내지만, 빈 창고에서 변화된 상황을 인정하지 않고 고집을 부리는 헴은 어찌될까…….

취업을 눈앞에 둔 대학생들이나 구직자들은 "왜 신입은 안 뽑는가?" 하고 불평할 수 있다. 그러나 아무 소용없는 일이다. 빈 창고에서 울분을 토하는 햄의 모습과도 같다. 변화된 환경에 자신을 맞추고 이겨내야 한다. 새로운 치즈를 찾아 미로 속으로 과감히 나서야 할 때다.

　아무리 신제품이라도 수명은 점점 더 짧아지고 트렌드는 날마다 변하고 있다. 그럴수록 기업들은 어쩔 수 없이 모험보다는 안정적이며 능력이 검증된 경력직에 기댈 수밖에 없다. 그렇다면 길은 하나뿐이다. 입사가 힘들다고 원망하기보다는 흐름에 능동적으로 대처해, 자신의 능력을 기업들의 필요에 맞게 키워야 한다. 자신을 기업이 원하는 인재로 역량을 높여야 한다. 신입이라는 굴레에 안주하지 말고, 경력직들이 무시하지 않으며, 기업이 절실하게 필요로 하는 인재로 스스로를 가꿔야 한다. 환경을 탓하지 말고, 변화된 환경에 적응하고 이를 이겨내는 슬기로움과 역량이 절실하다.

국가직무능력표준과 특성화 대학

직업을 고를 때 필요한 업무 능력을 정리한 국가직무능력표준.
이는 대학이 아니라 내 직업이 목표가 되는 시대를 열어준다.

　그렇듯 '신입이 없는 사회'에 청년 개인들도 적응하기 위해 노력
해야 하지만, 그렇다고 청년들에게만 맡겨둘 수도 없는 노릇이다.
그러한 사회적 추세에 맞춰 국가가 도움이 될 만한 지침 정도는 마
련해줘야 할 것이다.

국가직무능력표준이란 무엇인가

　고용노동부가 424억 원의 예산을 편성해 산업인력관리공단이
개발하고 있는 국가직무능력표준National Competency Standards은 어
떤 직업을 하고자 할 때 준비해야 할 것들을 보여준다. 이는 산업

현장의 업무 수행에 필요한 핵심 능력을 직업별로, 그리고 수준별로 체계화해놓은 것이다. 이를 통해 대학이 목표가 아니라 내 직업이 목표가 되는 시대를 대비한 것이다.

실제 사례를 예로 들어 설명해보자.

2013년 8월 경기도 시흥시 대교HRD센터에는 비서 직무에 관한 한 우리나라 최고의 전문가들 10여 명이 모여 회의를 했다. 비서 부문 NCS 개발 회의가 그것이었다. 그 회의는 그로부터 약 5개월 간 아홉 차례나 계속되어 같은 해 12월에야 최종적인 결론을 냈다.

현업에서 잔뼈가 굵은 베테랑 비서, 대기업 인재개발실의 핵심 간부, 대학 비서학과 등에서 학생들을 가르치는 교수들이 모여 1박 2일 동안 총 16시간의 마라톤 토론을 벌였고, 그것이 5개월 간 이어진 것이다. 비서를 하는 데 필요한 능력이 무엇인가를 체계화하는 것을 두고 독자들은 고개를 갸우뚱할 것이다. 사람에 따라서는 이렇게 생각할 수도 있다.

'그거 한두 시간이면 되지 않나?'

그렇다. 일반적인 의미의 비서 능력을 생각하는 것이라면 한두 시간이면 될 수도 있을 것이다.

그러나 그 회의는 거기 모인 전문가들 모두가 말 한마디 한마디에도 신경을 곤두세우는 전쟁과도 같은 것이었다. 무엇 하나 그냥 넘어가지 않았고, 그냥 넘어갈 수도 없었다. 예컨대, '비서는 서류를 ○○하게 작성할 수 있어야 한다'라고 했을 때 ○○에 들어갈 1순위 말이 무엇인지를 놓고 토론에 토론을 거듭했다. 누구는 '신속하게'라고 했는가 하면, 어떤 이는 '정확하게', 혹은 '능숙하게'라고 하며 그 이유를 설명했다. 회의 의전 업무능력이 비서로서의 상위 능력이냐 아니냐에 관하여 오랜 시간 토론하는 동안 현장 전문가와 교수들 간 입장 차이가 확연해지면서 긴장감까지 감돌기도 했다. 이러한 토론은 늦은 밤을 지나 종종 새벽까지 계속되기도 했다.

그렇듯 치열하고 치밀한 토론은 한두 주일 걸러 계속 이어졌고, 정부 관계자가 포함된 심의위원회와 실제 산업현장의 검증도 받았다. 그렇게 대장간에서 쇠를 담금질하듯 힘겨운 5개월의 토론과 검증 끝에 나온 것이 바로 국가직무능력표준인 NCS의 비서 부문 개발이었다.

즉, 비서라는 직업에 대한 NCS는 그 직업을 수행하기 위한 업무능력의 총체적인 해부도와도 같다. 따라서 비서를 지망하는 사람들은 반드시 숙지하고 그 NCS에 따라 자신의 능력을 차분히 다듬어 준비해야 할 것이다. 그런 면에서 NCS는 직업을 향한 지침, '꿈의 설계도'라고 부를 수 있다.

비서 부문 NCS는 고용노동부와 교육부가 한국능률협회 등의 기관과 함께 개발을 추진하는 수많은 NCS 중 하나일 뿐이다. 고용노동부는 2014년까지 총 833개 직무에 대한 NCS 개발을 완료하기 위해 424억 원의 예산을 책정한 상태다. 교육부에서도 NCS 개발 예산을 전년 대비 1,600%나 증가시켰다. 2013년에는 2만여 명의 전문가가 머리를 맞대고 250종의 NCS를 개발했다. 2014년, 올해는 527종을 만들 예정인데, 이를 위해서는 5만 명 이상의 전문가들이 힘을 모아야 할 것으로 예상된다.

정부는 왜 보기에 따라서는 탁상공론과 같은 그런 작업에 막대한 예산과 인력을 투입하고 있을까? 특정 직무능력의 근간을 체계적으로 정리하는 것이 뭐 그리 중요한가?

NCS는 우리 사회를 학벌 위주에서 능력 중심 사회로 재편성하는 데 있어서 방향키와도 같은 역할을 할 것이다. NCS 개발 사업이 당장은 그 성과가 미미해 보일 수도 있을 것이다. 그러나 멀리 놓고 보면 우리나라의 교육, 훈련, 인사 채용의 시스템의 바탕이 될 것이다.

교육기관에서는 NCS에 따라 산업현장에 바로 투입할 만한 실전적인 인재를 키워낼 것이다. 기업은 신입 직원의 사내 교육훈련과 기존 직원의 경력 계발에 이용할 수 있고, NCS를 기반으로 객

관적인 업무평가체계를 만들 수도 있다. 신입사원을 선발할 때부터 NCS를 기준으로 하면 더욱 적확한 필요 인재를 뽑을 수 있을 것이다.

그동안 기업이 실제 업무에서 별 필요도 없는 스펙이나 학벌을 본 이유는 달리 뾰족한 채용 기준이 없었기 때문이다. '인사가 만사'라는 말도 있는데 국가나 기업에서 정작 그 중요한 사람을 뽑을 기준도 하나 마련해놓지 않았던 것이다.

능력 중심 사회에서는 학벌과 스펙 없이도 자신의 꿈을 실현할 수 있다. 그렇게 되면 평생직장이 아니라 평생학습을 통해 직업의 개념이 정착되는 새로운 패러다임이 펼쳐질 것이다.

NCS를 기반으로 한 특성화 대학

정부에서는 2017년까지 NCS에 기반을 둔 특성화 전문대학 100개교를 연차적으로 선발하고 지원하려는 사업을 펼치고 있다. 이는 NCS에 따라 산업 수요 맞춤형 교육과정을 운영하여 산업체와 전문대학 간 인력 불일치를 해소하고, 직무 수행 완성도와 현장성 높은 직업 인재를 양성한다는 취지에서 시행되고 있다.

기존의 전문대학은 백화점식 학과 운영으로 특성화가 미흡했던 것이 사실이고 공급자 중심의 교육 과정으로 인해, 날로 고도화하는 산업구조 속에서 핵심적인 고등 직업교육기관으로서의 역할을 충분히 수행해내지 못했다. 즉, 전문대학의 교육 과정이 현장 적합성 부족으로 인해 산업체에서 요구하는 수준과 양성 인력 간에 끊임없이 질적인 불일치가 발생해왔던 것이다.

또한 전문대학 취업률은 2012년 60.9%로 일반 대학(56.9%)보다는 높았지만 전공 분야와 취업 분야 간 불일치는 그 비율이 26%로, 이는 4년제 대학(14%)이나 전문계 고교(15.3%)보다도 훨씬 심각한 수준이었다. 이러다 보니 우리나라 기업체 중 63.7%가 기업에서 요구하는 수준의 직무능력을 갖추지 못한 근로자 때문에 경영상 어려움을 겪었던 적이 있다고 조사되었다.

그러한 전문대학 운영상의 문제점을 NCS 기반의 산업체 수요 중심 교육 과정을 운영함으로써 해결하려는 것이다. 특성화, 전문화로 전문대학이 고등 직업교육기관으로서 핵심 역할을 할 수 있다. 이러한 전문대학 육성을 통해 매년 15만 명의 전문 직업인을 배출해낸다는 계획이다.

이를 위해 앞으로 다음과 같은 일을 진행할 예정이다.

• 대학 전체가 특정 분야 프로그램 자체이거나, 혹은 일부 학과 중

심으로 운영하여 특성화를 높인다.

- 고도화된 산업사회는 창의력과 융복합 지식 및 기술이 요구되나, 전문대학의 수업 연한이 일률적(2~3년)으로 제한되어 전문 직업인력 배출에 어려움을 겪어 왔다. 이에 NCS 기반 및 산업 수요에 따라 수업 연한을 1~4년까지 다양화한다.

- 최고의 전문 분야 숙련기술 보유자(국제기능올림픽 입상자, 기능장 등)가 관련 이론을 보완하여 해당 기술의 계승 및 발전에 기여할 수 있게 하고, 국제적 통용성을 확보할 수 있도록 하는 산업기술 명장대학원을 설치하고 육성한다(기술 명장 연간 100명 양성).

- 평생직업교육대학을 육성, 운영한다. 기존 전문대학을 일터에서 원하면 언제든 최신 직업 지식 및 기술을 습득할 수 있는 평생직업교육대학으로 전환하여 학위 및 비학위 과정을 NCS 기반의 100% 실무형 교육 과정으로 통합 운영한다.

- 전문대학과 특성화고, 지역 산업계, 지역사회 간 연계로 선 취업 후 진학자가 계속 교육받을 기회를 확대한다. 특성화고 취업 희망자 중 43.8%가 학업과 취업을 병행할 수 있기를 희망했다.

이외에도 전문대학의 '세계로 프로젝트'를 추진할 예정이다. 국내 전문대학생을 대상으로 해외 취업 맞춤형 교육을 실시하여 해외 진출을 활성화하고 청년 실업을 해소한다는 의도다. 이로써 우리나라 전문대학의 국제화 역량도 높일 수 있다. 또한 교포를 포함해 외국인 유학생들에게 주문식 맞춤형 교육을 실시하여 해외 진출 한국 기업체에 취업하게 함으로써 현지 기업들의 인력난 해소에 도움을 줄 계획이다.

전문대학과 전문대학생이 NCS라는 꿈의 설계도를 발판으로 삼아 세계로 나아가게 하려는 것이다.

나는 이러한 취지를 염두에 두고 NCS를 기반으로 하여, 수도권의 모 전문대학 4개 학과(세무회계과, 사회복지과, 피부미용과, 패션 및 문화디자인과) 교육 과정 개발팀을 총괄적으로 이끌었다. 바로 지난해부터 올해 초까지 지속되었던 작업이다.

이것은 시작에 불과하다.

대학과 학문과 직업과 일과 나이에 대한 총체적 변화가 회오리쳐 오고 있음을 가슴 서늘하게 느끼곤 한다. 이제 세상은 바뀌고 있다. 아직도 그 트렌드를 읽지 못하는 학생들과 그 부모님들이 많지 않기를 부디 바란다.

청년, 공무원이 최고의 직업인가

공무원 합격만 꿈이라고 여긴다면 꿈의 바이러스는 시든다.
그럴수록 우리 대한민국의 미래는 결코 밝을 수 없다.

NCS와 그에 기반한 새로운 패러다임을 생각하면 세상이 역동적으로 돌아가고 있는 게 눈에 보이는 듯하다. 그런데 이렇듯 역동적으로 변화하는 세상 한 켠에는 다소 시들시들한 일군의 청년들이 있다. 그들 이야기를 하고 싶다.

예전에 대학교에서 겸임교수로 강의한 적이 있었다. 그때 한 여학생이 이렇게 말했다.

"요즘은 애들이 공무원 준비를 참 많이 하는데요. 걔들은 대개 세 부류예요. 첫째가 애초부터 '공무원 되겠다'고 작심하고 덤벼든 애들인데, 이들은 개인적으로 출세 지향적이더라도 적어도 국가

행정에는 도움이 될 거예요. 처음부터 자기 목표가 뚜렷했으니까."

문제는 두 번째, 세 번째 부류라고 했다. 일반 기업체 취업 준비를 하다 포기하고 공무원 준비로 돌아선 부류와 바라던 기업에 입사는 했는데 생활하다 보니 힘이 든다고 공무원이 되겠다는 청년들이다. 이들에게는 공통점이 있다. 공무원은 안정적이고 지속적인 일자리로 편할 것이라는 기대와 도피 심리가 있다는 것이다.

공무원은 국가의 일꾼이다. 그런 자부심과 사명감을 갖고 있어야 한다. 그런데 취업난이 심해지면서 단지 편할 것 같고 안정된 직장일 것 같아 공무원을 한다고 하면 국가가 경쟁력을 가질 수 있을까? 젊은 날에 자기 개성이 뭔지도 모르는 채로 말단 관료조직 속에 들어가 안정만을 희구하면서 그 조직에 맞춰 살면 개인적으로 그게 진정 행복한 인생일 수 있을까? 그렇게 선택한 자신의 일에 무슨 자존감이 있어 열성을 보일 것인가. 한 생명, 한 삶이 얼마나 귀한데 그렇게 자기 삶을 아무 생각 없이 관료조직의 물살에 띄워 보낸단 말인가.

하기야 개인의 선택이니 그 인생 어찌 되든 그렇다 치자. 하지만 그런 실무 행정 일꾼들에게 세금 내서 월급 주는 국민들은 무슨 죄인가. 국가는 또 무슨 죄인가.

그런 마인드로 일하면 우리나라 실핏줄 행정에서 취약한 문제라든지, 보다 적극적인 도전이 필요한 분야는 어떻게 해결할 수 있을지 답답하다. 많은 사람들의 목숨이 오락가락하는 재난 시에도 사명감 없는 공무원이라면 제 자리보존에만 신경 쓰기 급급할 것이다. 아니, 실제로 급급했다. 이는 역사까지 살펴보지 않아도 가까운 과거에서 여러 사례를 들 수 있다.

물론 사람은 누구나 다 같을 수는 없으므로 개인적으로 패기가 좀 부족하거나 소극적인 이들도 있을 수 있다. 문제는 그렇듯 그냥 공무원 하고 싶다는 젊은이가 너무나 많다는 것이다.

2013년 7월 현재 공무원시험 지원자 수가 무려 45만 명에 달했다. 선발 예정 인원은 9,667명. 평균 경쟁률 47 대 1이다. 같은 해 11월 대학입학 수능생 중 일반계고 학생수가 43만 6천여 명이었으니 대입 지원생 수를 웃돌고 있다. 특히 국가직 9급 공무원시험에는 2,738명 뽑는 데 20만 4,698명이 지원해 74.8 대 1의 경쟁률을 기록했다. 이는 공무원 공채 사상 최다 인원, 최대 경쟁률이라 한다.

우리 사회의 무엇이 이렇듯 젊은이들의 꿈을 박제화시켜버렸는지 모를 일이다.

하나하나 짚고 원인을 따지자면 사회 구조적인 문제도 물론 있다. 나 같은 사람은 더 열심히 새로운 직업을 개발하고 정부에 제안해, 보다 다양한 패러다임의 사회가 되도록 노력해야 할 것이다. 다른 이들 역시 자신의 분야에서 창조경제에 일조를 담당해야 할 것이다. 그러나 이게 다가 아니다. 더 중요한 것이 있다.

백세시대다. 젊은 세대는 아마도 평균수명이 100세 이상이 될 것이다. 이런 세상에서 어릴 때부터 공부 열심히 해서 소위 명문대학에만 가면 뭐든 다 된다고 생각하는 건 명백한 시대착오다. 길어진 인생에서 내가 무엇을 위해 살아야 할 것인가, 삶의 중심이 되는 DNA를 계발해야 한다. 그 DNA 속에는 공부뿐 아니라 인생관, 삶의 목적, 이루고 싶은 소망, 하고 싶은 것에 대한 준비성과 목표가 들어 있어야 한다. 그렇지 않고 귀중한 DNA 속에 영어, 수학만 들어가 있고 명문대 이름만 들어 있다면, 그 아이들이 자라 공무원 합격만 꿈이라고 여긴다면 진정한 꿈의 바이러스는 시든다. 우리 대한민국의 미래는 없다.

청년 창직과 성공 비결

청년들이 자아를 실현할 수 있는 직업을 가진다면
우리 사회의 미래 역시 더 건강하고 풍요로워질 것이다.

청년 창직에 대하여

청년들의 직업 선택이 다른 계층보다 더 중요한 이유는 직업이
자아실현과 곧바로 연결되어 있기 때문이다. 개인은 직업을 통해
사회적인 역할을 수행하고, 그 역할 수행함으로써 경제적 필요를
해소하며 자아실현을 할 수 있는데, 그중 청년층이 가장 염두에 두
어야 할 것이 바로 자아실현이 아닐까 한다.

노인층에게도 자아실현의 보람은 필요하지만, 젊은이의 앞에
놓인 시간이 훨씬 더 길기에 이들의 자아실현은 훨씬 더 우리 사회
에 중요한 의미를 차지한다. 청년의 자아실현이야말로 우리 사회
의 비전, 미래가 될 수 있기 때문이다. 청년들이 자아를 실현할 수

있는 직업을 가진다면 우리 사회의 미래 역시 한층 더 건강하고 풍요로워질 수 있을 것이다.

그렇다면 자아실현을 기준으로 직업을 선택하면 되는 걸까? 반드시 그렇지만은 않다. 직업은 일반적으로 세 가지 요건을 충족해야 한다.

• 경제성

직업은 임금을 받을 목적으로 육체적, 정신적인 노동력을 제공하는 것이다. 노동시장에서 개인이 노동력을 제공하고 그 대가로 수입을 얻고자 하는 활동, 수입과 노동력의 교환이라는 경제적인 거래 관계가 성립되는 활동을 우리는 직업이라고 한다. 임금이 있어야 우리가 생활할 수 있기 때문에 경제성이 없는 직업은 건강한 직업이라고 할 수 없다. 또한 노동력 제공이 없는 자연 발생적인 이득이나 복권, 경마 등으로 우연한 수입을 올리는 것을 직업으로 보지 않는다.

• 지속성

생계를 유지할 수 있으려면 노동활동을 지속적으로 이어나갈 수 있어야 한다. 일용근로자와 같이 매일 그 작업 내용이 바뀌더라도 노동력의 제공이 지속적으로 이루어지고, 수입도 지속적으로 발생해야 한다. 현재의 일을 계속해서 수행할 의지와 가능성이 있어야 바람직한 직업이다. 당연한 말이지만, 만일 개인이 의무 혹은 강제에 의해 속박된 상태에서 활동이 이루어진다면 그 활동은 지속성 여부와 관계없이 직업일 수가 없다.

• 윤리성

직업 활동은 전통적으로 윤리성과 사회성을 충족해야 하는 것으로, 사회의 공동생활에 기여하며, 그 사회의 관습, 통념, 제도 등을 위반하지 않을 뿐만 아니라 사회 발전에 기여해야 한다는 적극적인 의미를 담고 있다.

이와 같은 세 가지 요건을 충족하며, 동시에 적극적이고 창조적인 아이디어를 내어 지속적으로 수익을 창출할 수 있는 일자리를 만들어 노동시장에 진입하는 것, 이것이 창직創職이다. 학계에서는 창직을 정의하기 위해 여러 가지 논의를 진행하고 있기도 하다.

그렇다면 창직은 1인 창조기업이나 창업과는 무엇이 다르고 어떻게 구별될까?

시장과 일 혹은 직업의 관계에서 대개는 일에 대한 수요가 먼저 발생한 후 그에 맞는 직업이 탄생한다. 그러나 창직은 어떤 일이나 작업에 대한 잠재된 수요를 감지하거나 아예 수요 자체를 창출하여 직업을 발굴해낸다. 이런 면에서 창직이 창업이나 1인 창조기업보다 훨씬 우위에 있는 개념이다. 더구나 창직을 하면 우선 자신에게 적합한 직업을 스스로 선택하는 것이므로 만족도 역시 매우 높을 수밖에 없다.

기존 시장의 경쟁에 뛰어드는 것이 아니라 새로운 시장을 창출하는 것이므로 기존 인력들과 경쟁하지 않아도 된다는 매력도 있다. 이는 취업 시장에서 초보, 신입 입장일 수밖에 없는 청년층에게 특히 매력적이다. 또한 창직은 다른 구직자에게까지 일자리를 제공해준다는 점에서 근본적으로 이타적인 면을 가지고 있다.

페이스북을 창시한 마크 주커버그는 다음과 같이 말했다.

"저는 대학에서 무언가를 구체적으로 배우는 것보다 여러 가지를 시도하며 시간을 어떻게 보냈는지가 성공에 더 중요하다고 생각합니다. 하버드대학에 다닐 때 수없이 다양한 것을 만들어봤습니다. 있으면 좋을 것 같은 프로그램을 스스로를 위해서 만들기도 했고……. 저는 여러 가지 일을 해보는 데 많은 시간을 썼습니다. 이것이 바로 제가 성공하게 된 이유입니다."

청년실업은 전 세계 공통의 문제다. 2008년 금융위기 이후에 영국이나 프랑스 같은 선진국에서도 청년 일자리 창출은 심각한 문제였다. 일본도 많은 청년들이 정규직보다는 프리터라는 아르바이트에 매여 있다.

이제 청년 스스로 과감하게 창직을 목표로 설정하고 변화하는 사회 패러다임에 맞춰 새로운 직종을 개발해야 한다. 새로운 시도를 하는 것, 그렇게 어렵지만은 않다. 창직이 어렵기만 하다면 마크 주커버그처럼 창직에 성공해서 사회적으로나 경제적, 개인적으로 보람된 일을 하는 사례들을 어떻게 설명할 수 있을까.

창직의 아이디어는 일상에서 건져낼 수 있다. 창직 성공 사례 중에는 실속형 보청기 제조업인 딜라이트, 시각장애인의 기호와 욕구를 반영한 최초의 잡지인 리빙 위자드 등의 사회적 기업도 있다. 반려동물을 키우는 가구가 400만을 웃도는 데 착안한 반려동물 상조회사 뽀삐상조, 우리나라 구석구석에 숨어 있는 재미있는 전설과 원천 스토리를 찾아 SNS를 이용해 공동 창작으로 다듬고 이를 상품화하는 스토리텔링 매니저 스팩토리, 누구든 자신의 디자인에 가격을 매긴 후 등록해두면 소비자가 마음에 드는 디자인을 보고 구매할 수 있는 시스템의 바이미닷컴 등을 비롯해 아이디어 창직도 있다.

우리 전통에 기반을 둔 창직 사례도 있다. 건축물 설계와 한옥 건축 둘 다 아우르는 전통 건축물 시공 기업 하심한옥, 전통차 테이크아웃 전문점으로 현재 전국에 35개 프랜차이즈 지점을 둔 오가다, 옛날 왕이나 왕비, 궁녀, 기생 등 선인들이 피부를 관리했던 방법에 착안해 전통 약재로 한국형 스파를 개발한 휴림궁 등이 전통에 기반을 둔 창직 회사다. 이외에도 각 분야에 톡톡 튀는 아이디어와 추진력으로 무장한 창직 회사는 많다.

창직을 할 때 가장 필요한 것이 무엇일까? 서울시 중소기업 지원 전문 기관인 서울산업진흥원SBA이 창업에 관심 있는 20대 이상 서울 시민 1천 명을 대상으로 실시한 창업 수요조사에서, 창업을 할 때 가장 큰 어려움은 '창업 아이템 선정'(41.4%), 그 다음으로 '창업자금 확보'(33.0%)인 것으로 나타났다.

우선 좋은 아이디어로 사업 아이템을 찾아냈다면 여러 루트를 통해 지원제도를 찾아보는 것도 방법일 수 있다. 중소기업청이나 고용노동부, 한국사회적기업진흥원 등의 홈페이지만 살펴봐도 지원제도가 상당하다는 것을 알 수 있다. 청년 창직과 창업은 국가적인 과제이기 때문에 도움을 주는 제도는 생각보다 많다. 이를 잘 찾아서 효과적으로 활용하라고 권하고 싶다.

앞서 언급한 바와 같이 창직 아이디어는 멀리 있지 않다. 일상적인 것이라 해도 한번 비틀어 생각해보면 생각 외로 뜻하지 않은 답을 얻을 수 있다. 번개를 맞듯 우연히 좋은 아이디어를 생각해내는 사람들도 있지만, 대개의 경우 지속적인 연구와 궁리가 좋은 사업 아이템의 바탕이 된다.

창직 아이템과 관련된 연구하거나 궁리 중이라면 다음과 같은 방법을 추천한다.

우선 정부의 정책이나 법, 제도 도입과 변화를 눈여겨보는 것이 좋다. 사회복지 정책이나 수출입 정책, 자격과 면허의 조정이나 신설, 외국인 유입 정책 등을 유심히 살펴야 한다. 이러한 연구에서 나온 창직 중 하나가 의료통역사다.

아울러 우리 사회의 가치관과 생활양식 변화에 주목해야 한다. 여가와 건강, 미용에 대한 관심, 1인 세대의 확대에 따른 제반의 변모가 감지될 것이다. 여기서 나온 창직이 애견트레이너, 문화마케터 등이다.

환경과 에너지, 사회의 다양한 면에서 날로 강화되는 글로벌화에도 관심을 가져야 한다. 이런 면에서 나온 창직이 생태복원기술자, 현지화 컨설턴트 등이다.

마지막으로, 인구구조 변화, 기술 변화 등에서도 좋은 창직이 나올 수 있다. 이런 면에서 나온 것이 노인 전문 간호사, 애플리케이션 개발자다.

청년이란 단어에는 푸를 청靑과 해 년年, 즉 푸르른 나이, 푸르른 세월이라는 의미를 담고 있다. 푸른색은 생명의 색깔이다. 인생에서 가장 생명력 넘치는 때에 적성에 맞는지도 생각하지 않은 채 무조건 공무원이 되려고 하거나 실업과 실의의 나락에서 움츠리고 있다는 건 생각만 해도 안타깝고 끔찍하다. 나의 미래와 사회발전 그리고 많은 사람들을 위한 창직의 길이 바로 앞에 펼쳐져 있는데도 외면하는 것은 자기 인생에 대한 방기이고 직무유기다.

통계청의 자료에 따르면 국내 신생 업체들의 1년 생존율은 평균 72.6% 수준이었지만 2년차는 56.5%, 3년차에는 46.4%만 살아남았다고 한다. 신생 업체 절반 이상이 3년을 버티지 못하고 문을 닫았다는 것이다. 지속적으로 수익이 발생하는 업체를 꾸리기가 어렵다는 것을 잘 보여주고 있는 수치다.

그러나 언제 어디에서든 어려움을 이기고 성공한 사람들은 있는 법이다. 지금부터는 그 성공의 비결을 이야기하겠다.

성공 비결

"인생에서 실패한 사람의 90%는 진짜로 실패한 것이 아니다. 그들은 단지 그만두었을 뿐이다."

이 명언은 미국의 최연소 보험세일즈 왕, 폴 마이어가 남긴 말이다. 그는 20대에 보험세일즈에 뛰어들어 27세에 최연소 백만장자로 기네스북에 올랐다. 자신의 세일즈 노하우와 인생철학을 공유하기 위해 성공동기연구소를 설립하기도 했다.

모든 면에서 성공의 화신 같은 그도 사실 세일즈를 막 시작했을 무렵에는 우울했다. 직업 적성검사에서 부적격 판정을 받았고, 상사로부터는 "자넨 성격이 너무 내성적이라 이 일에 맞지 않아"라는 말도 들었다. 당연히 실적도 좋지 않았다.

그는 이대로는 안 되겠다고 생각하고 사업에 성공한 사람들을 찾아다니며 그들의 성공 비결을 알아보기로 했다. 그는 성공한 사업가들의 자동차 번호를 적어 그것으로 주소를 알아낸 다음 일일이 찾아갔다. 때로는 쫓겨나기도 해가며 면담한 결과 성공한 이들에게는 세 가지 공통점이 있다는 것을 알아냈다.

첫째, 성공한 이들에게는 특별한 의지가 있었다. 자기 뜻이나 적성에 맞지 않은 업무나 책임을 맡게 되더라도 묵묵히 최선을 다해 그 일을 수행했고, 그로써 성공의 문이 열리기 시작했다는 것이다.

둘째, 강하고 뚜렷한 목표가 있었다. 언제나 원대한 꿈을 꾸었고 어떤 일이 있어도 그 꿈을 포기한 적이 없었다. 결국 그 꿈은 놀라운 힘으로 현실에서 성공을 이루는 뒷받침이 되었다.

셋째는 다소 엉뚱해 보이는데, 그들 모두 단 한 사람의 예외도 없이 좋은 '하인'을 두고 있었다고 한다. 여기서 '하인'의 자기소개를 들어보자.

"나는 모든 위대한 사람들의 하인이며 또한 모든 실패한 사람들의 하인이기도 합니다. 위대한 사람들은 사실 내가 위대하게 만들어준 것이랍니다. 실패한 사람들도 거의 다 내가 실패하도록 만들어버렸고요. 나를 길들여보세요. 그럼 당신의 분야에서 세계 제패라도 하게 해드리겠습니다. 하지만 나를 너무 쉽게 생각하면 난 당신을 파괴해버릴 수도 있습니다. 나는 누구일까요?"

누구인지 맞춰보자. 정답은 바로 습관이다. 성공한 사람들은 모두 잘 길들인 좋은 습관을 갖고 있었다. 폴 마이어가 만난 이들 중 게으르고 나태한 습관을 가진 사람은 단 한 명도 없었다. 또한 거의 대부분의 사람들이 몸에 밴 친절 습관을 갖고 있었다고 한다.

열심히 해서 어떤 어려움이라도 이겨내겠다는 의지, 뚜렷한 목표와 꿈, 그리고 훌륭한 습관, 이러한 것들이 조화를 이루어 성공의 비결이 되었다고 폴 마이어는 결론을 내렸다. 폴은 자신의 내성적인 성격을 부정하지 않고 받아들이되, 그것을 극복해 약점을 장점으로 만들겠다는 의지를 불태웠다.

'내성적이라 남들에게 나를 잘 드러내지 못하지만 대신 남들의 얘기를 더 잘 들어줄 수 있다. 남들이 마음껏 자신을 과시하도록 더 좋은 배려를 할 수 있을 것이다.'

이런 생각으로 그는 노력했고, 동시대의 잘나가는 세일즈맨들을 분석해서 그들의 영업 전략을 익혔다. 또한 자신과의 미팅을 거절한 고객 명단을 별도로 작성해 특별관리하는 세심함도 보였다.

이러한 노력을 지속적으로 한 끝에 폴 마이어는 성공할 수 있었다. 자신이 조사했던 성공 비결을 자신의 것으로 체화하여 실천에 옮겼으니 당연히 성공할 수밖에 없는 것이다.

나는 오늘 창직과 창업의 길을 가는 우리 청년들이 성공할 수밖에 없는 바로 그 길을 가라고, 그대들도 갈 수 있다고 말하려 한다. 강인한 의지와 확고한 목표, 좋은 습관 그리고 꾸준한 노력이 어우러진 길. 그 길이야말로 우리 선배들이 몸으로 증명한 성공의 보증수표이며, 성공으로 가는 가장 확실한 길이다.

그 길을 가는 그대, 청년들이 나는 든든하고 자랑스럽다.

구체화된 꿈과 비전스쿨 그리고 CSR

꿈은 아무리 좋은 것이라도 품기만 해서는 아무 의미가 없다.
그 꿈이 이루어질 수 있도록 일관되게 행동해야 한다.

꿈의 구체화

대한민국에도 꿈이 있을까? 없다고 한다면 어쩐지 한 사람의 국민으로서 못할 말을 한 것 같은 기분이 든다. 그렇다면 대한민국의 꿈은 무엇일까? 어디에 있을까? 꿈이란 것, 잠잘 때 나타나는 수면현상으로서의 꿈은 동물도 꾼다지만, 미래에 대한 계획과 비전으로서의 꿈은 사람만이 가질 수 있는데 대한민국이라는 추상명사가 꿈을 어떻게 꿀 수 있을 것인가.

5년마다 한 번씩 새로 뽑는 대통령의 공약이 국가의 꿈일까? 아니면 각 지역을 대표하는 국회의원들의 공약이나 대기업의 사업계획이? 아니다. 그런 정도로는 우리나라의 꿈은 너무 협소해진다. 그러면?

우리나라 국민 각자가 꾸는 꿈의 총합, 그 5천만 개의 꿈이 일으키는 시너지가 바로 대한민국의 꿈이 아닐까? 5천만 국민의 5천만 가지 꿈의 합체, 그것이 바로 우리 대한민국의 꿈이라는 말이다. 5천만 가지의 저마다 독특한 꿈들은 하나로 모여 우리 모두가 바라는 꿈이 되고, 다양하지만 조화로운 빛깔을 내는 우리 모두의 꿈은 곧 대한민국의 꿈이다. 그러므로 나의 꿈이 건강해야 나라의 꿈이 건강해진다. 예쁘고 우아한 김연아 선수의 금메달은 김연아 선수 개인의 것인 동시에 우리 모두의 것인 이치와 같다. 그렇기에 김연아 선수가 빙판 위에서 연기할 때 우리는 밤잠을 설치며 가슴을 졸여 응원하는 게 아닌가.

그러나 꿈은 아무리 좋은 것이라도 단순히 갖고 있기만 한다면 아무 의미가 없다. 오히려 허황된 사람이라는 느낌만 줄 수도 있다. 중요한 건 자신의 꿈이 이루어질 수 있도록 일관되게 행동해야 한다는 것이다.

꿈은 보는 만큼 크고 보여주는 만큼 다듬어진다.

자신의 꿈을 일목요연하게 정리해서 남들에게 보여주고 다른 이들의 꿈을 보고 벤치마킹할 것은 해야 한다. "당신은 꿈을 위해 어떤 노력을 하고 있는가?"라는 질문을 받고 답할 수 있음과 동시에 상대방에게 질문을 되돌릴 수 있어야 한다. 무조건 꿈을 가져라 할 것이 아니라 "당신의 꿈의 키는 얼마인가?" 하며 묻고 대답하고 되물을 수 있는 사회 환경이 되어야 한다.

사회적으로도 그러한 환경이 안 되어 있고 가정에서도 꿈에 관한 구체적인 실천이나 로드맵은 뒷전인데다, 오로지 입시공부에 올인하는 풍토이다 보니 청소년들뿐 아니라 성인들 역시 자신이 진정 무엇을 원했는지, 원하는지 잘 알지 못한다. 꿈뿐 아니라 심지어 자기 자신에 관한 소소한 면면도 자신 있게 말하지 못하는 경우가 많다.

당장 백지 한 장을 책상에 펼쳐 놓고 조용히 마음을 가다듬어보자. 그리고 다음과 같은 사항들을 정리해 적어보자.

- 내가 좋아하는 것
- 내가 자신 있는 것
- 남들과 다른 나만의 장점
- 갖고 싶은 것
- 하고 싶은 것
- 인생에서 이루고 싶은 소망
- 인생은 무엇이라고 생각하고 있는가?

많은 이들이 이와 같은 사항에 제대로 답하지 못한다. 왜? 모르니까.

자신을 파악하는 훈련을 제대로 받아본 적이 없는 것이다. 자기 자신을 알지 못하는데, 자신이 가진 면면을 내재화하지 못했는데 무슨 자신감이 나오고 인생의 계획과 비전이 어떻게 나올 수 있겠는가.

자기 자신을 명확히 파악했으면 그 다음에는 꿈을 구체화할 필요가 있다. 예컨대 이런 것이다.

'나는 앞으로 2년 후, 24살에 미국 유학을 갈 것이다. 와인 관련 전문대나 혹은 관련 과정을 마친 후에 캘리포니아의 와인 만드는 곳으로 가겠다. 거기서 우리나라 막걸리와 와인을 접목시켜 새로운 술을 만들겠다. 만들 수 있다. 쌀로 빚은 라이스 와인과 포도로 빚은 와인의 결합은 지금까지 이 세상에 없는 술인 만큼 막대한 시장을 창출할 수 있을 것이다. 그 와인에는 주막이라는 이름을 붙일 것이다.'

즉, '언제 어디에서 무엇을 왜' 할 것이라는 분명한 꿈을 꿀 수 있어야 한다. 만약 세속을 등지고 도를 닦는 스님이 되려는 계획을 세웠다 해도, 언제 어디에 있는 무슨 절에서 어떤 스님을 스승으로 출가를 할지를 결정해야 한다는 것이다.

그렇듯 꿈이 분명하고 구체적이어야 행복해진다. 꿈이 구체적일 때 자기가 스스로를 자신 있게 이끌어가는 주도적 삶을 살 수 있기 때문이다. 앞으로는 돈의 많고 적음보다 행복한가 아닌가가 부자와 가난한 이를 가르는 기준이 될 것이다. 세상의 패러다임이 그렇게 바뀌어 가고 있다. 그렇기에 영국에는 '행복학교'라는 독특한 학교도 있는 것이다.

비전스쿨

이러한 배경과 취지에서 만든 것이 비전스쿨이다.

교육부는 꿈과 끼 중심의 교육 과정 운영이 가능하도록 학생의 흥미와 적성을 고려한 다양한 문화 · 예술 · 체육 · 진로 프로그램 등 자율성 확대를 공표했지만, 교육현장에서는 예산 부족과 구체적인 방향 부재 등의 어려움을 겪고 있는 게 사실이다. 학생들은 학생들대로 간접 직업체험 교육의 반복과 주입식 이론교육에 지쳐 있다.

대학생도 그렇지만 중고등학생들은 특히 자아의 형성 단계에서 질풍노도의 시기를 겪는 만큼, 관심과 흥미가 쉽게 바뀌어 여러 가지 경험으로 개인의 흥미와 장점을 발견하는 과정이 반드시 필요하다. 그러나 입시체제의 학교에서는 현실적인 제약이 있을 수밖에 없다.

교사들의 어려움을 덜어주고 학생들의 흥미를 유발하며, 자기 주도적 비전 탐색과 실행능력, 인생의 창조역량을 계발할 수 있는 진로 콘텐츠가 절실한 실정이다.

비전스쿨은 바로 그 절실한 필요에 의해 탄생한 프로그램이다.

스스로 자신을 탐구하고 미래를 설계해, 자기만의 전문 분야를 만들고, 타인과의 경쟁이 아닌 자기 자신과의 경쟁 속에서 세상과 유연하게 소통하는 'Only 1 Star' 인재를 양성하는 것이 목표다. 재능과 지식을 나누고, 사회에 공헌하며, 자신 있게 자신의 목표를 성취해내는 인재, 그것이 비전스쿨이 추구하는 이상적인 인재상이다.

비전스쿨에서 학생들은 자신의 사명과 꿈, 비전과 목표, 시간, 지식관리를 위한 '비전 바인더'를 활용해 더욱 단단한 '나'를 만들 수 있다. 여러 사람 앞에서 자기 자신의 꿈을 발표함으로써 꿈을 구체화하는 시간을 갖기도 한다.

구체적으로 예를 들어보자. 자신의 꿈으로 생애를 설계하는 '내 꿈을 펼쳐라'라는 수업이 있다. 그 수업에서는 다음과 같은 활동을 한다.

- 소망 연을 만들어 날린다. 그 연은 자신의 꿈과 미래 직업에 대한 소망의 문구를 적어 넣은 것이다.
- 자신의 미래 직업을 나타내는 캐릭터를 티셔츠에 그리거나 찍어본다.
- 깨끗이 씻은 우유팩들에 자신의 꿈을 적은 기록지를 붙이고, 그 우유팩들을 양면테이프로 붙여서 꿈 탑을 쌓는다.
- 모둠별로 열기구나 비행기를 만들어 거기에 자기의 꿈을 기록하고 친구들에게 '꿈 선포식'을 갖는다.
- 나의 장점을 찾아 장점나무를 만들고 그것으로 꿈나무 숲을 만든다. 나무의 잎과 열매에 나의 장점을 기록하는 것이다. 그리고 친구들과 함께 그 나무들을 모아 꿈의 숲을 만든다.

그 외에도 의사나 음악가, 경찰관 등 전문 직업인들과의 만남을 통해 생생한 현장특강을 듣기도 한다. 역사 속의 롤 모델을 찾아 그들의 그림을 담은 나만의 화폐를 직접 제작하기도 한다. 또, 관심 있는 직업의 세계를 알아보고 그 자료로 자신만의 직업사전을 만들기도 한다. 그 모두가 학생들의 막연한 꿈을 구체화하고 시각화하는 활동이다.

심층 프로그램으로 들어가면, 적성검사를 하고 직업체험으로 자신의 꿈과 미래를 실감하는 시간이 있다. 비전 바인더를 활용한 관리 프로그램을 실행하는 연습을 하고, 수강생 주도의 직업 체험 실습을 한다. 그리고 그러한 성과와 체험을 발표하고 공유한다. 또한 교사와 학부모에 대한 동시 교육으로 다각적인 관리를 병행하고 있다.

대학생을 위한 프로그램은 학년별로 특화되어 있다.

1, 2학년은 셀프 리더십 에센스를 체득하는 데 중심을 두고, 1학년은 자신의 적성과 흥미를 발견하고 이를 통한 진로 탐색과 비전을 설정한다. 여기서 대학 4년의 진로 로드맵이 나온다. 2학년은 학업 외의 진로 활동 계획을 세우고 실행해봄으로써 자신만의 스토리를 만들어본다.

3, 4학년은 셀프 리더십 프로페셔널 과정으로, 3학년은 포트폴리오를 제작하는 등 사회에 진출하기 위한 실행전략을 수립한다. 그리고 진로에 맞는 기초체력과 역량계발에 중점을 둔다. 4학년은 취업 등 개인의 사회진출을 위한 체크리스트 구성과 현장의 업무 스킬을 강화해나간다.

이처럼 비전스쿨은 학생교육 지원을 중심으로 교사와 학부모를 동시에 교육하고, 멘토링과 코디네이터 관리 등 4단계 멀티 시스템을 구축하고 가동한다. 개개인이 실질적이고 깊이 있는 진로 비전을 실행할 수 있는 환경을 마련하여, 스스로 탐색하고 설정하며 실행하고 완결하는 자기 완성적 인재로 재탄생하게 해준다.

2013년 2월부터 현재까지 충남대학교 · 조선대학교 · 근명여자정보고등학교 · 영신간호비즈니스고등학교, 그리고 일반인 대상으로는 강원랜드까지 모두 36군데 학교와 기업에서 비전스쿨 강좌를 진행해왔다.

영신간호비즈니스고등학교의 경우 학생 100명 특강으로 진행했는데, 학생들의 반응은 가히 폭발적이었다. 감수성이 예민한 학생들이 그간 자신들의 내면에 억눌려 있던 니즈를 스스로 건드리고 끄집어 낸 것 같았다.

발표하면서 그들은 가장 먼저 자신감을 회복했다. 고교생활에 대한 결의는 그 다음 자연스럽게 나왔다. 자신들이 앞으로 일하게 될 직업에 대한 구체적인 계획을 세웠고 실천 방안도 스스로 구축하는 모습을 보였다. 그 과정에서 언성이 높아질 정도의 격렬한 토론도 있었는가 하면, 자기 자신과 화해의 시간을 가지며 응어리가 녹은 듯 눈물을 흘리기도 했다.

이런 사례에서 보듯 비전스쿨은 무엇을 주입해 가르치는 곳이 아니다. 단지 스스로 자기 내면의 빛을 발견하도록 작은 불씨를 댕겨주는 것이다.

영신간호비즈니스고등학교의 선생님들은 학생들과의 효과적인 소통 방법을 찾고, 비전스쿨 기간 동안 그 방법을 적용해 자유로운 소통을 확인하는 시간을 가졌다. 다들 교사로서의 사명이 재확립되는 경험을 했다고 말했다.

교장선생님은 비전스쿨을 통해 30년 교직생활을 반성하는 시간을 가졌다고 하셨다. 그러면서 학생들에게 진정 무엇을 가르쳐야 하는지, 교육의 중심에는 무엇이 필요하고 중요한지를 발견한 것 같다며 환하게 웃으셨다. 그리고 좀더 일찍 아이들에게 이런 교육을 접하게 해주지 못해서 미안하다고 하셨다.

CSR

비전스쿨 운영에는 각 기업의 CSR 예산을 활용한다. CSR 예산이란 기업의 사회적 책임활동을 하는 데 드는 비용을 예산으로 잡아놓은 것을 말하는데, 그 금액이 무려 2조8천억 원에 달한다.

뒤에서 따로 자세히 설명하겠지만, 서울과 수도권에 있는 공공기관 150여 개가 지방으로 이전을 시작했다. 이미 이전을 완료한 기관도 많이 있다.

지방으로 이전해 간 기업은, 말하자면 이사 왔으니 이웃에게 떡도 돌리고 신고식을 할 것이다. CSR 활동과 비용을 양로원, 고아원 등의 기관에 몇 가지 지원하거나 연탄배달, 김장봉사 혹은 장학금 전달 같은 일회성 행사로 소진하는 경우를 많이 본다.

2011년 바른사회공헌포럼에서 성인 남녀 700명, 기업 임직원 338명, 사회공헌 전문가 220명 등 총 1,258명을 대상으로 기업의 사회공헌 활동이 미흡한 이유를 설문조사했는데, '일회성 활동이다'가 39.6%로 가장 많았고, '마지못해 하는 일이다'(24%), '사회공헌 비용이 불투명하다'(15.5%)가 뒤를 이었다.

CSR 활동과 비용의 대상자 내지 수혜자가 이렇게 느끼고 있다면 그 활동은 근본부터 재고해야 한다. 한마디로 의미가 없다는 것이다.

마이크로소프트의 빌 게이츠는 2008년 다보스 세계경제포럼에서 다음과 같은 의미심장한 말을 남겼다.

"기업이 주도적으로 정부, NGO와 협력하여 시장의 영향력이 미치는 범위를 확장함으로써 세상의 불평등을 완화하면서 더 많은 사람이 이익을 창출하는 새로운 시스템이 필요하다."

기업의 봉사를 사회적 책임 차원을 넘어 의무로 끌어올린 개념을 말하고 있다. 각론적으로 말하자면, 형식적인 CSR 활동을 지양하고 보다 적극적이고 광범한 CSV, 즉 공유가치 창출의 필요성을 역설한 것으로 보인다.

기업이나 기관의 CEO가 지역 산동네에 가서 하루 연탄배달을 하고 연탄가루가 묻은 얼굴로 활짝 웃는 사진 한 장 찍는 것이 그 지역민들 다수에게 실제적인 도움이 될 수는 없다. 앞의 설문조사에서 보듯 기업이나 그 CEO 본인의 이미지 홍보에도 전혀 도움이 되지 않는다.

본격 CSV 활동이 예산상 힘들다면 CSR 예산만으로도 더 광범한 효과 창출을 고민해야 한다. 예를 들어 이전해온 회사와 지역 초·중·고등학교는 물론 대학교 간의 1사10교 등의 결연 맺기를 하는 것을 생각해볼 수 있다. 그렇게 결연 맺은 학교 학생들에게 장학금 혜택을 주고 구체적인 입사 정보 등을 제공하여 좋은 일꾼으로 채용한다면 그 지역민 전체에 거시적이고도 광범한 CSR이 될 수 있다. 기업 입장에서는 능력 있는 일꾼을 길러내어 맞이했으니 그에 들였던 비용은 단순비용이 아니라 투자 개념으로 볼 수 있다. 미래 고객을 확보하는 적극적인 시장정책이기도 하다.

그러한 기업활동이 알려지면 지역을 넘어 전국적으로 좋은 기업 이미지를 쌓게 되고 이는 회사의 전국 단위의 경쟁력이 될 수 있다.

이에 관해서는 2009년 19세 이상 남녀 800명을 대상으로 리서치&리서치에서 실시했던 설문조사가 눈길을 끈다. 그 설문조사에 이런 질문이 있었다.

"품질이 동일한 경우, 사회공헌 우수 기업의 제품이 비싸도 구매하시겠습니까?"

이에 78%의 사람들이 '구입할 의사 있음'으로 답했다. 기업 간 경쟁 시 차별화 요인으로 기술 및 디자인 위주에서 사회공헌으로 변화하고 있음을 보여준다.

결론적으로 기업의 사회 공헌은 다음 세 가지 명제 아래 이루어 져야 한다.

첫째, 상황이나 필요에 따라 전개하는 일회성 또는 부수적인 경영활동이 아니라, 지속적으로 추구해야 하는 핵심 경영활동이다.

둘째, 공급자 관점에서 일방적으로 사회 공헌 활동을 하는 것이 아니라 수혜자의 니즈 파악과 가치 공유, 진정성 있는 소통을 통한 맞춤형 사회 공헌을 지향해야 한다.

셋째, 시혜적 성격의 베푸는 비용에서 사회적 가치와 기업가치를 동시에 창출하고 만족시키는 전략적인 투자로 전환해야 한다.

이러한 기업활동과 CSR 예산을 우리 젊은 학생들의 꿈에 투자하는 데 돌리는 것이 바로 비전스쿨이다. 비전스쿨의 무궁한 가치를 아는 기업들은 1사10교를 넘어 1사20교 결연 맺기로 아낌없이 투자하고 있다.

"이걸 위해 죽을 수 있습니다"

"지금은 부족하지만 반드시 새로운 역사를 만들어보겠습니다."
진심을 말하는 순간 내 눈에서는 눈물이 흐르고 있었다.

앞에서 나는 꿈에 대해 많이 이야기했고, 그것을 구체화하는 방안, 비전스쿨 운영과 성과에 대해서도 말했다. 그렇다면 이 글을 읽은 독자는 이렇게 물을 수 있을 것이다.

"그렇게 말하는 당신은 과연 꿈에 매진해본 적이 있는가? 당신의 꿈은 무엇이었는가?"

옳은 질문이고 지적이다. 자기는 어떤 식으로든 분투하고 노력해본 적이 없으면서 다른 사람에게는 꿈 전도사인 양 한다면 그것은 전쟁터에서 자기는 참호 속에 숨은 채 부하들한테만 "돌격 앞으로!"를 외쳐대는 지휘관과 다를 바가 없다.

그렇기에 나는 지금 조금은 쑥스러운 감이 없지 않으나 내 이야기를 잠깐 하려 한다. 이런 이야기를 하자면 아무래도 보는 각도에 따라 자기를 내세우는 듯 보일 수도 있지만, 민망함마저 감수하며 하려는 것은 꿈을 말하고 전파하려는 내 의도의 진정성과 꿈을 현실로 만드는 것을 보여주고 싶기 때문이다.

결론부터 말하면 나는 지금까지 구체적인 꿈을 꾸었고, 노력했고, 그리고 그것을 이루었으며, 더 큰 내일을 만들고 있다.

나는 지금 한국능률협회의 이사로 일하고 있다. 그런데 1988년 12월 첫 출근할 당시 나는 정식 직원이 아니었다. 20대 젊은 나이에 고졸 비정규 영업직으로 입사했다. 따져보면 직장생활에서 불리한 건 다 갖춘 셈 아닌가. 고졸에, 비정규직에, 안정적인 월급도 없는 수당직 사원.

고등학교 졸업 후 이런저런 사정으로 곧바로 취업전선에 뛰어들었다. 입대 전에는 디자인학원을 다니면서 학원비를 벌기 위해 조그만 지역신문사에서 광고영업을 했다. '광고를 해서 효과가 있으면 돈을 주고 그렇지 않으면 주지 않겠다'는 조건으로 첫 수주를 딴 광고 오더를 성공시키기 위해 며칠 밤을 고민하며 카피를 짜냈다. 그동안 '화장품 사원을 모집합니다'라는 틀에 박힌 방식에서 벗어나 '이제 목돈 벌 수 있는 기회, 당신도 도전하세요'라는 카피로 광고를 게재했다. 그 결과 판매사원 모집 문의와 판매사원 채용 인원이 3배나 늘었다. 그 광고는 무엇이든 집중하고 노력하면 성공할 수 있으며, 의지와 열정이 가득하다면 이루지 못할 일은 없음을 깨닫게 해주었다. 그것은 내게 더할 나위 없이 큰 힘이었다.

당시는 늘 배고픈 스무 살의 나날이었다. 이런 일도 있었다.

어느 날 길을 가다 '신장개업'이라고 써 붙여 놓은 자장면 집을 발견했다. 저기 들어가 자장면 한 그릇 먹으면 좋겠다는 생각에 주머니를 뒤져보니 그 돈밖에 없었다.

어쩌지…… 자장면 한 그릇 먹고 자취방까지 걸어가? 연탄을 사야 하는데……. 버스로 일곱 정류장인가 여덟 정류장 정도 되는 거리를 걷는 거야 그렇다 쳐도, 그렇게 걸어간 다음 한겨울 추위에 냉골 방에서 자야 한다. 그건 겁이 났다. 그게 얼마나 괴로운지 잘 알고 있었기 때문이다.

망설이다 신장개업이라고 써 붙여 놓은 종이에 주목했다. 순간 한 가지 생각이 스치고 지나갔다. 그래서 식당 안으로 들어가 호기롭게 말했다.

"사장님 계십니까?"

식당 안에서 몇몇 손님과 종업원들이 나를 보는 듯 마는 듯했다. 나는 다시 더 크게 말했다.

"사장님 계십니까? 중요한 일이 있는데요."

그러자 종업원으로 보이는 한 명이 일어났다.

"내가 사장인데 무슨 일이지?"

"사장님, 제가 길을 가다가 여기 써 붙여 놓은 신장개업이라는 글자를 보고 들어왔습니다. 글자가 하도 맛없게 쓰여 있어서요."

주인이 나를 아래위로 훑어보았다.

"맛있는 글자는 어떻게 쓰는 건데?"

"제가 한번 써볼까요?"

주인은 어처구니없어 하는 표정이었지만 밑져야 본전, "그래, 한번 써봐라"하고 말했다.

나는 디자인학원에서 배운 글자체 중에 가장 자신 있는 것으로 큰 종이에 글자 그림을 그리고 색을 칠했다. 그리고 내친김에 카피까지 몇 마디 곁들였다.

맛으로 승부합니다!

정성을 다한 신장개업

이제 이 지역 맛을 책임집니다!

이렇게 쓰고 나자 주인은 대만족이었다. 대번에 나를 바라보는 눈빛부터 달라져서는 몇 장 더 써달라고 했다. 그날 나는 먹고 싶은 자장면을 곱빼기로 실컷 먹고 흡족해서 나오는데, 이게 웬일? 주인이 고맙다며 3천 원까지 주는 게 아닌가.

나는 그날 부른 배를 쓰다듬으며 '야, 이게 수입이 되는구나' 하고 느꼈다. 그것은 뿌듯하고도 희망이 섞인 따뜻한 기분이었다. 그래서 학원에서 만난 분이 광고디자인을 동업하자고 제안해왔을 때 흔쾌히 응했다. 자본이 없는 나는 이득이 생기면 나누어 갖는 조건으로, 말하자면 지분이 있는 사원으로 동업을 시작했다.

영업을 위해 밤낮으로 뛰어다녔지만 순탄치 않았다. 사무실 여직원 월급도 주지 못하는데 내가 분배 이득을 챙긴다는 건 꿈도 꿀 수 없었다.

생각다 못해 나는 공예품 만드는 옆 사무실에 산처럼 쌓인 재고에 눈길이 갔다. 그 공예품 재고는 자그맣고 예쁘게 만든 등잔이었는데, 판매 부진으로 엄청난 양이 방치되어 있었다. 저걸 팔아보자.

그 공예품들을 개당 1,500원에 떼어다 명동에 들고 가서 3천 원에 팔기 시작했다. 헛짓하는 셈 치고 가지고 나간 공예품들은 하루 30개가량씩 팔렸다.

어, 이게 되네. 쏠쏠한 수입이었다. 그러나 나는 그 돈을 챙길 수 없었다. 내가 자본을 들이지는 않았지만 어쨌든 지분을 갖고 있는 회사인데, 돈이 생겼으니 밀린 임대료를 내야 했고, 여직원 월급도 주어야 했다.

그대로만 계속 장사했으면 지금쯤은…… 뭐가 되었을지, 무슨 일을 하고 있을지 알 수 없는 일이다.

퇴근하자마자 국제시장으로 달려가 팝콘을 샀고 5원짜리 작은 팝콘 봉투에 일일이 담았다. 그리고 그걸 들고 나가 광안리 바닷가로 가서 돌아다니며 팔았다. 값은 한 봉지 천 원. 처음 며칠은 한 봉지도 못 팔고 돌아왔다. 왜냐하면 당시 광안리 해변에는 즉석에서 팝콘을 펑펑 튀겨주는 장사치들이 있었고, 그 따끈따끈한 것을 그들은 내 가격의 반값인 500원에 팔았던 것이다. 그래도 나는 그 가격에 팔고 싶지 않았다.

어떻게 하면 좀더 비싼 값에 많이 팔 수 있을까? 고민하고 고민했다. 뾰족한 수가 없어 보였다. 하지만 미련이 남았다. 시작하자마자 포기하는 건 아니다 싶었다. 방법이 없을까……. 그때가 여름이었으니 데이트를 즐기는 연인들이 많았다. 이 점에 착안했다.

"안녕하십니까? 저는 광안리의 팝콘 장사입니다. 두 분의 다정한 모습이 너무나 아름다워서 저도 모르게 발걸음을 멈추었습니다. 지금 이 팝콘 봉지 속에는 두 분을 축복하는 사랑의 시가 들어 있습니다. 남자 분은 사랑하는 여자 분에게, 여자 분은 남자 분께

달콤한 팝콘 속의 아름다운 시를 선물하세요. 그러면 오늘 분명히 아름다운 시간, 아름다운 밤이 될 것입니다."

이렇게 팝콘과 함께 마음을 팔았고, 팝콘에 스토리를 입혔다. 그러자 반응이 매우 좋았다. 팝콘 속에 들어 있는 시 구절에 대한 호기심과 '사랑하는 사람에게 오늘 사랑이 가득 담긴 팝콘을 선물하세요'라는 멘트가 500원의 가격차를 이겼고, 하루 평균 5만 원 이상의 매출을 올렸다. 그 당시 야간에 세 시간에 5만 원은 엄청난 수입이었다. 나중에 친척 형님은 자기도 해보겠다고 나섰지만 단 한 봉지도 팔지 못하고 장사를 접었다.

광안리 팝콘 장사가 잘 되었다곤 해도 그건 어디까지나 한철 장사일 뿐 직업이 될 수 없었다. 그래서 당시 개발되어 나온 LED 간판의 영업직으로 새롭게 직장을 옮겼다. 그때는 네온간판이 주류였지만 내가 보기에 LED는 간판에 움직이는 글자와 그림까지 만들 수 있어서 소개만 잘 하면 많은 사람들이 간판을 교체할 것 같았다. 출근 전날에는 얼마나 들떴는지 태풍 때문에 부산 지역의 간판들이 모두 떨어져 주문이 폭주하는 꿈을 꾸었다. 출근과 동시에 꿈에 부풀어 영업을 시작했다.

하지만 LED가 좋다고는 하나 멀쩡한 기존 간판을 바꾸는 업소는 없었다. 태풍이 불지도 않았다. 그래도 열심히 뛰어다닌 덕분에

맥줏집과 가라오케 업소의 수주를 딸 수 있었다. 몸은 고되었지만 마음만은 너무나 가벼웠다. 그래, 이제부터 시작이다!

희망에 부풀었지만 그 기쁨은 오래가지 않았다. 건물에 간판을 달아주는 순간 그들은 온갖 핑계를 대며 한 달 두 달 대금을 미루기 일쑤였고, 돈을 줄 때도 내가 가게 매상을 어느 정도 올려주어야 비로소 지갑을 열었다. 그러다 보면 가뜩이나 쥐꼬리만한 내 수당도 깎였다.

안 되겠다……. 앞길이 막막했다.

'안 되겠다, 부산은 너무 좁다. 서울로 가자. 서울에서 배고팠던 추억은 있었지만 그곳을 내 새로운 도전의 마당으로 만들어보자.'

추운 겨울밤 광안리 밤바다의 칼바람을 맞으며 다짐했다. 그래서 서울로 올라와 입사한 곳이 바로 한국능률협회였다. 정확하게는 한국능률협회 통신교육본부의 수당직 영업사원.

1988년 12월 5일 첫 출근하면서부터 나는 미친 듯이 기업들을 찾아다니며 영업했지만 성과를 올리지 못했고, 그해 끝날 때까지 한 푼의 돈도 받지 못했다. 첫 수당을 받은 것은 다음 해 1월 말이었다. 2만 8천 원, 그 돈을 수령하려 했더니 경리직원이 한마디 했다. 이 정도 금액을 받아갈 바에야 모았다가 다음 달에 몰아서 받아가라고.

그 말도 일리가 있고 다른 수당직 직원들도 다 그런 식으로 급여를 받아갔지만 나는 그 돈만큼은 꼭 받겠다고 했다.

2만 8천 원을 받아온 날, 자취방 벽에 그 돈을 붙이고 밑에 이런 말을 써놓고 다짐했다.

수당을 100배 올리자!

30살에 내 집 산다!

그러나 다음 해인 1989년은 내 의지와 노력과 무관하게 이렇다 할 성과 없이 지나가고 말았다. 아니, 그 정도가 아니라 오히려 빚을 300만 원가량 지고 말았다. 영업하는 데 든 비용이었다. 회사에서 나오는 교통비 7만 5천 원은 영업에 턱없이 부족했다.

암담했다. 돈을 벌려고 회사를 다니는 건데 다닐수록 빚만 늘어나고 있으니.

그때 가까운 곳에 있던 여의도 기아자동차 본점의 사원모집 공고가 눈에 띄었다. 차 파는 것이 지금 하고 있는 일보다 쉬워 보였다. 직장을 옮겨야 하지 않을까……. 고민되었다.

그때 아버지와 전화 통화한 것이 큰 지침이 되었고, 직장생활과 인생에서 중대한 분수령이 되었다.

"여기선 도저히 안 되겠어요. 자동차 대리점으로 옮길까 해요."

이 말을 한 후 한참동안 대답이 없으시던 아버지가 이렇게 말씀하셨다.

"한번 칼을 뽑아들었으면 썩은 호박이라도 썰어봐야 할 거 아니냐. 거기에 들어간 지 이제 1년 됐는데 나는 열여섯 살부터 배 타고 고기잡이 안 했냐. 목숨줄 왔다 갔다 한 것만도 몇 번이다. 네가 하는 일이 죽을 만큼 힘드냐? 그렇게 거기 가서 차 판다고 뭐가 얼마나 달라지겠느냐?"

정신이 번쩍 났다.

죽을 만큼 힘이 드느냐……. 그런 건 아니었다.

'아버지는 죽을 만큼 힘든 일도 묵묵히 하시면서 목숨이 위태로운 지경에도 여러 번인데 나는 엄살만 부리고 있었구나.'

그때부터 달라졌다. 여기서 끝장 본다!

나는 우선 기존에 했던 것과 마케팅 방법을 달리 하기로 했다. 기업체를 무조건 많이 확보하는 것에 우선을 두었다. 선배들마다 찾아가 물었다. 선배가 가지 않는 곳이 어디인지, 어느 기업인지 모두 알려달라고 했다. 선배가 간 곳에는 가지 않겠다고 말했다.

선배 사원들이 마케팅 활동을 하지 않는 곳은 주로 직원교육에 별 관심 없는 건설이나 증권 관련 회사였다. 그들이 오죽하면 안

들어갔을까. 그러나 나는 여기가 내가 먹고살 마당이라고 생각했다. 아무도 건드리지 못한 곳, 힘들겠지만 내가 개척하면 그게 다 내 것이다. 그리고 증권회사 같은 곳은 곧 산업 패러다임이 바뀌면 교육 수요가 어떤 회사보다도 많을 것 같았다.

그렇다고 무조건 들어가서 능률협회 교육을 하자고 할 수도 없는 노릇.

어느 회사를 타깃으로 삼으면 우선 그 회사를 연구했고, 무엇보다 그 회사의 키맨, 즉 핵심인물이 누군가를 알아내는 데 주력했다. 사람 만나는 것이야말로 양보다 질이 중요했다. 사람을 아무리 많이 만난들 그가 그 회사에서 영향력이 없다면 아무런 소용없다. 양보다 질, 이것은 한국능률협회의 매니지먼트 개념이기도 했다.

누가 키맨인지 알아내려면 경비원들에게 잘 보일 필요가 있어 담배를 사다 그들에게 주기도 했다. 그렇게 키맨을 알아내면 먼저 그에게 다가가 인사를 터야 한다.

한 번 거절당하고 두 번, 세 번 거절당하다 보면 그와 나는 그새 얼굴을 익힌 구면이 된다. 웃는 얼굴에 침 못 뱉는다고, 그러다 보면 그 키맨이 한 번쯤 내 설명을 들어주게 된다.

그렇게 거래를 터나갔다. 이러한 과정에서 나는 그들을 한 명씩 혹은 몇 명씩 내 고향인 영덕에 초대해서 끈끈한 인간관계를 만들어 갔다. 그들이 고향에 초대되어 오면 어머니는 그들을 왕처럼 모셨다. 소위 고향마케팅이다. 그들은 누구나 내 친절과 진정성에 깊이 감동했다.

또한 내 고향에 초대받은 동종업계 사람들끼리 자연스럽게 인적 네트워크를 형성해, 서로 정보를 교환하는 등 유익한 인간관계를 맺어갔다. 그렇게 되자 나는 한 업종 전체의 수주를 따내는 엄청난 성과를 올리기 시작했다.

수당은 수직으로 뛰기 시작했다. 내가 단 한 달에 벌어가는 수당이 당시 대기업 대졸 초임의 연봉에 맞먹는 적도 여러 번이었다. 한번 물꼬가 트이자 신바람 났고, 신바람은 더욱 크고 많은 성과를 불러왔다. 당시 영업직 사원들 중에 내가 거래하는 회사가 가장 많았던 것이다.

그렇게 일하다 보니 회사 측에서는 좋기도 하고 한편으로는 언짢게 바라보기도 했다. 저 친구가 일 잘하는 건 좋지만 돈을 너무 가져가는 거 아니야……. 해결책은 하나, 정규직으로 전환하는 것뿐이었다.

야생의 초원에서 내 양껏 사냥하다가 갑자기 정규직이 되어 정해진 액수의 연봉만 받자니 솔직히 갑갑해졌다. 액수도 이전에 벌었던 수당의 3분의 1 수준을 맴돌았다. 갑자기 빈곤감이 몰려왔다.

정규직, 안정적인 급여라는 장점만으로 그 빈곤감과 갑갑함을 대신하자니 뭔가 아닌 성싶었다. 그러한 장점을 최대한 살려야 내가 놓친 것에 대한 진정한 대가가 되지 않겠는가.

직장에서의 안정을 바탕으로 대학 공부를 시작했다. 1993년, 고교 졸업 후 10년 만에 늦깎이로 야간대학에 들어가 법학을 전공했고, 졸업 후 대학원에서는 경제학 공부도 했다. 그때 IMF가 왔고, 이런저런 일이 겹쳐 학업을 중도에 그만둘 생각까지 했다. 하지만 여기서 그만둘 수는 없었다. 오히려 내친김에 연세대 교육대학원도 다니며 나를 더욱 가다듬었다. 서울여대에 겸임교수로 출강하면서부터는 청년들과 직접 대화하며 그들의 꿈은 뭔지, 그것을 실현하기 위해 구체적으로 어떻게 해야 하는지 알게 되었다. 그리고 실망도 했다. 다들 꿈이 너무 두루뭉술하다는 게 문제였다. 이후 비전스쿨을 만든 것도 이때의 깨달음과 문제인식 때문이었다.

그런 와중에 실직자를 위한 직업전환센터의 책임을 맡은 나는 분투를 거듭했고, 그 때문에 한 달여간 병원에 입원하기까지 했다.

입원해 있는 동안 많은 것을 생각했다. 그때까지는 사느라고, 생활하느라고 접어두었던 인생살이 전반에 대한 성찰과 반성, 그리고 이런저런 회상들⋯⋯. 입원한 다음 얼마 동안은 도무지 어처구니가 없었다. 내가 과로로 쓰러지다니⋯⋯. 그런 건 다 남의 일인

줄 알았는데. 어릴 때부터 건강했고, 운동이라면 어느 곳에 가더라도 휩쓸 만큼 체력에는 자신 있었는데……. 그런 나도 쓰러질 수 있구나. 인생이 허무하다는 생각도 들었다.

어릴 때 방티라는 큰 대야에 아버지가 잡아온 물고기를 가득 담고 그 위에 호박잎을 덮은 다음, 그 무거운 걸 머리에 이고 재를 몇 개씩 넘어 팔러 가시던 어머님의 뒷모습도 그때 그 병원에서 떠올랐다. 초등학교 4학년 때 하굣길, 추운 산 속에서 계곡 얼음을 깨고 그 물로 벌벌 떨며 내 몸을 몇 번이나 씻어내던 기억도 아련하게 떠돌았다. 서러웠고, 어렸지만 앞날에 대한 다짐이 그때 내게는 굳게 서려 있었다.

초등학교 4학년 겨울방학이 다가오던 어느 날, 짝꿍인 경순이가 수업 중에 손을 번쩍 들고 큰 소리로 말했다. 이렇게.

"선생님, 저 상철이하고 못 앉겠어요."

선생님이 나를 바라보며 말했다.

"왜 그래? 상철이, 너 애 괴롭혔니?"

내가 대답했다.

"아니요."

"그런데 왜 그래?"

경순이가 말했다.

"상철이한테서 생선 비린내가 나요. 그래서 도저히 같이 못 앉 겠어요."

어촌 마을에서는 늘 생선을 다루고, 꼬맹이라도 부모가 생선 다 듬는 걸 돕는 게 하루 일과 중 하나였다. 그러다 보니 내 몸에 생선 비린내가 배어 있었던가 보다. 나는 그 냄새 자체를 느끼지 못했다.

선생님은 먼저 경순이를 보며 말씀하셨다.

"너는 생선 안 먹고 사니? 고기 잡는 집이니까 고기 냄새가 날 수 도 있지."

그리고 나를 보시며 말씀하셨다.

"상철아, 깨끗이 씻고 다녀라."

그래서 그날 집으로 가던 길에 재를 넘다 계곡 얼음물에다 몸을 씻었던 것이다.

병원에서 그런 어린 날의 모습이 떠오르자 그간 살아온 것이 몹 시 허무해졌다.

열심히 살기는 했지만 뭔가 부족했다. 그게 뭘까…….

생각해보니 그것은 가치의 문제였다. 나는 분명히 열심히 살아 왔지만 그건 대부분 나 자신을 위한 것이었다. '나'라는 가치. IMF 사태 이후 내가 했던 일들은 분명 나 자신보다는 다른 많은 사람들 을 위한 것이었다. 그래서 열심히 일한 건 아닐까. 생각이 여기에 미치자 이런 결심이 강하게 솟구쳐 나왔다.

'그래, 더 늦기 전에 무언가 더욱 가치 있는 일을 찾아내서 체계적으로 일판을 벌이자. 그것이 사회와 나라에 좋은 영향을 미치도록 해보자.'

그때부터 새로운 도전을 준비했다. 한국능률협회에 평생교육 분야를 다루는 회사를 설립하는 것이다. 신직업을 만들었던 노하우와 경험 그리고 일에 대한 열정과 감동을 쏟아 부을 회사. 처음부터 그렇게 기획했다.

한국능률협회의 계열사인 한국능률협회 사회교육원이 바로 그것이다.

협회가 창립된 이후 계속 산업교육이라는 한 축으로만 사회적 역할을 해왔는데, IMF를 거치면서 그 축 하나만으로는 협회나 사회적인 역할에 부족한 면이 많았음을 뼈저리게 느꼈던 것이다. 산업교육과 함께 이제는 평생교육의 장으로 들어서야 한다. 산업교육뿐 아니라 평생교육이라는 축을 하나 더 만들고, 두 개의 축이 돌아가야 할 때였다. 그래야 협회도 더욱 안정되고 사회적으로도 더욱 가치 있는 일을 해낼 수 있다. 그것을 바탕으로 대한민국의 건전한 직업교육을 이루고 나의 꿈과 우리의 꿈, 더 나아가 우리나라의 꿈이 하나가 되는 꿈의 생태계를 만들고자 했다.

이런 내 생각을 주위 사람들은 귓등으로도 들으려 하지 않았다. 정말 하나같이 그러했다.

"쓸데없는 짓 하지 말고 일이나 열심히 해라."

"이건 헌법을 바꾸는 거나 마찬가지야."

많은 반대 중에서도 가장 듣기 싫었던 것은 상사의 말이었다.

"꿈 깨라. 네가 하고자 하는 그 꿈은 달걀로 바위 치는 격이다."

내게 용기를 주거나 희망적인 격려를 건네는 사람은 아무도 없었다. 그런 내게 용기가 되고 희망을 주는 문구가 눈에 띄었다. 2002년 6월이었다.

한일월드컵이 한창이던 그때 붉은악마가 내건 슬로건 '꿈은 이루어진다'가 내 가슴에 깊이 들어와 박혔다. 마치 나를 위한 구호 같았다. 그 말이 얼마나 큰 위안과 격려가 되었는지……

힘이 되어주는 분도 생겼다. 현재 한국능률협회를 이끌고 있는 최권석 대표님이 당시 사무처장을 맡고 계셨는데, 그분이 유영걸 당시 총괄대표 사무실로 가서 청을 넣어주었다.

"임상철 센터장이 여러 가지 기획을 갖고 있는데, 임원 경영회의 때 한번 들어와 주고 새로운 계열 회사를 만드는 안을 검토해주십시오."

그때 나는 비서실에 대기하고 있었는데, 사무실 안에서 유영걸 대표님의 고성이 터져 나왔다.

"아니, 안건이 그렇게도 없나요? 그런 게 무슨 놈의 경영회의 안건이에요, 직원이 무슨 계열사 사장을 다 하겠다는 거지! 그런 걸 나더러 들어주라고? 지금 정신 있어요, 없어요?"

그때 상황을 그대로 표현하자면 깨져도 너무 심하게 깨지고 있었다. 나는 최권석 사무처장님께 너무도 죄송해서 어쩔 줄 몰랐고, 보다 못한 비서가 차라리 휴게실에 가 있으라고 했다. 휴게실로 자리를 옮겨 기다리던 나는 긴장해 있었지만, 며칠 밤을 새운 직후여서 몸도 마음도 몹시 지쳐 있었기에 깜빡 잠이 들었다. 그 잠의 끄트머리에서 꿈속처럼 최권석 사무처장님의 말씀이 아련히 들려왔다.

"임 센터장, 다음 주 월요일 11시에 자네 사업계획을 발표하기로 했어. 잘 준비해."

나는 지금도 최권석 당시 사무처장님의 그 말씀을 잊지 못한다. 그때의 고마움과 송구스러움을 어찌 잊을 수 있을까.

2002년 6월 18일 오전 11시 15분경, 나는 3년 동안이나 준비한 한국능률협회의 새로운 가치를 만들어낼 사업 계획을 PPT 자료로 만들어 마침내 경영회의 발표장에 섰다.

둥글고 긴 타원형의 회의 테이블에는 한국능률협회의 신영철 부회장님과 유영걸 총괄대표님 외에도 10여 명의 임원이 앉아 있었다. 나는 긴장했지만 침착하게 발표했다. 한국능률협회는 산업교육이라는 바퀴로만 달려왔지만 앞으로는 평생교육이라는 새로운 바퀴를 구축해야 하며, 그로써 새로운 한국능률협회를 만들어가야 한다는 요지로 말했고, 이렇게 마무리했다.

"이제 더 큰 차원에서 우리는 사회에서 소외된 분들에게까지 교육의 기회를 확대해야 합니다. 우리 사회엔 요람에서 무덤까지 교육의 기회가 주어져야 한다고 생각합니다. 그래서 새롭고도 가치 있는 일자리를 만들어 낼 수 있어야 합니다. 그 평생교육을 제 일자리 창출 경험을 살려 제가 책임지고 이루어내고자 합니다."

발표가 끝나자 유영걸 총괄대표님이 인상을 쓰며 말했다.

"지금 가뜩이나 우리 협회가 노조 때문에 골치 아픈데 직원이 사장하겠다고 나서질 않나……."

이렇게 시작된 그분의 말은 약 20분간 회의장 분위기를 더할 수 없이 험악하게 몰아갔다. 그리고 이런 말로 끝을 맺었다.

"다른 분들의 의견은 어떻습니까?"

내 이야기를 들어준다기보다는 나를 혼내주기 위한 자리였던 것이다. 유 대표님이 임원들의 의견을 물었다. 다들 부정적인 반응이었고, 안 되는 이유만 말씀하셨다. 그중 기억에 남는 말 몇 마디는 이런 것이었다.

"회사를 무슨 굴비두름 엮듯 계열사만 줄줄이 엮으려고 하나."

"지금처럼 회사가 어려울 때일수록 산업교육 중심으로 더 강하게 나아가야지. 그런 거 만들면 오히려 정체성의 혼란이 올 텐데."

모두의 말을 들은 유영걸 총괄대표님이 마지막으로 마침표를 찍듯 말했다.

"자, 다들 고생했습니다. 임 센터장은 이제 직업전환센터 본연의 일에 더 충실하기 바랍니다. 식사나 하러 갑시다."

그럴 수는 없었다. 3년 동안 준비해왔던 진정성과 한국능률협회의 새로운 가치 창조를 위한 꿈이 무너지는 순간이었다. 주저앉을 수 없었다. 나는 다시 발표대 앞으로 나갔다. 나도 모르게 이런 말이 나왔다.

"저는 이걸 위해 죽을 수 있습니다!"

그리고 유 대표님과 부회장님이 앉아 있던 방향으로 몇 걸음인가 다가가 다시 말했다.

"저는 이걸 위해 죽을 수 있습니다!"

그리고 나도 모르게 속에서 이런 말이 쏟아져 나왔다.

"네 시작은 미약하나 끝은 창대하리라던 성경 말씀대로 지금은 제가 부족하지만 꼭 한국능률협회의 새 역사를 만들겠습니다!"

속에 든 진심을 말하는 순간 내 눈에서는 어느덧 눈물이 흐르고 있었다.

침묵이 흘렀다. 그 무거운 침묵을 깨고 유영걸 총괄대표님께서 갑자기 일어섰다. 그리고 천천히, 아주 무겁고 진중한 박수를 네 번 쳤다.

그런 다음 유영걸 총괄대표님은 나를 바라보며 이렇게 말했다.

"오늘 같은 브리핑은 처음이야. 감동적이야. 지금부터 나는 중립을 지키겠습니다."

또다시 침묵이 흘렀다. 그 침묵을 깬 것은 신영철 부회장님이었다. 두 손을 가지런히 합장하듯 앞으로 모으고 말했다.

"저도 한 말씀 올리겠습니다. 오늘 경영회의를 통해 저는 한국능률협회의 새로운 희망을 봅니다. 많은 이들이 다 자기 자리를 보전하는 데 급급해 하며 눈치를 보는 마당에 자기 자리를 과감하게 벗어나 새로운 희망과 비전 그리고 능률협회의 새로운 돌파구를 마련하고자 하는 임상철 센터장이야말로 진정한 한국능률협회맨입니다. 여러분, 선배가 뭡니까? 후배 가는 길을 막는 게 선배입니까? 아닙니다. 후배에게 길을 터줍시다. 그게 우리 선배들의 모습입니다."

이 글을 쓰다 보니 그때의 감격이 되살아나 지금도 눈물이 맺힌다. 유영걸 당시 대표님과 신영철 부회장님의 말씀은 거의 한 글자 틀리지 않고 내 가슴에 깊이 각인되어 있다. 그 말씀을 이 지면에 그대로 실은 것이다.

세상이 고마웠다. 진정성이 통했다는 게, 그리고 내 마음을 알아주는 사람이 있다는 게 감격스러워 세상을 모두 안아주고 싶었다.

그해 7월 1일부로 나는 평소 꿈꿔왔던 한국능률협회의 새로운 가치창조 사업을 위해 사회교육원을 출범시켰다. 나는 최선을 다했지만 결과적으로는 그리 큰 성공을 거두지는 못했다. 그해 회사를 출범한 지 두 달이 지난 9월부터 실직자 재취업교육을 위한 정부 예산이 끊긴 탓이 컸다. 그러나 어려운 여건 속에서도 사업체를 운영하며 신직업을 비롯해 여러 과정을 만들어 6년간 작은 성공은 여럿 거둔 바 있다.

2008년 1월 1일부로 나는 사회교육원의 모든 운영권을 직원들에게 넘기고 다시 한국능률협회 커리어개발본부라는 신규 사업본부를 만들었다. 그 동안 해왔던 개인 중심의 직업 개발이 아닌 정부 중심의 더욱 건강하고 광범한 일자리 창출, 그리고 대학과 기업을 연계시키는 맞춤형 인재 육성 프로그램을 개발하고 운영함으로써 기업의 경쟁력을 높이고 국가경쟁력을 강화시키기 위해서였다.

2008년 직원 3명으로 출발한 커리어개발본부는 일자리창출본부와 국가직무표준개발사업의 중심인 NCS센터를 만드는 등, 이제는 25명의 훌륭한 인재들과 함께 우리나라 신직업과 일자리 창출의 새로운 역사를 만들어 가고 있다.

이러는 중에도 내게 힘이 된 분과 헤어지는 아픔도 함께했다. 당시 신영철 당시 부회장님은 회장으로 추대되었는데, 은퇴 후 지병으로 고생하셨다. 그리고 올해 6월, 우리 곁을 떠나셨다. 하지만 그분은 아직도 내 가슴에 여전히 살아 계신다.

우리가 꿈을 갖고 구체적으로 실현하기 위해 죽을 각오로 뛰어든다면, 그렇게 모든 힘을 모은다면 이루지 못할 꿈은 없다고 생각한다. 설령 실패했다고 해도 그 실패에서 더 큰 꿈의 가능성을 발견할 수 있다. 이것은 영화 〈명량〉에서 이순신 장군이 증명하지 않는가. 그는 '살고자 하면 죽고, 죽고자 하면 살 것이다'라는 각오로 왜군과 맞섰고, 명량해협인 울돌목에서 13척의 배로 왜선 330척을 물리쳤다. 이순신 장군은 결코 패배를 염려하지 않았고, 간절히 바라고 준비하면 기어이 이길 수 있음을 몸소 보여주었다. 그리고 그런 이순신 장군을 믿고 자신을 아끼지 않은 이들이 있었다.

그래서 '꿈은 이루어진다'고 했던 붉은악마의 슬로건은 옳다. 바로 이 말을 하기 위해 나는 여기서 내 이야기를 다소간 길게 풀어놓았다.

지금 나는 더 큰 꿈을 품고 있다. 보다 많은 사람들을 위한 보다 건실한 일자리를 큰 틀에서 만들어내고 싶다. 일자리는 꿈과 분리될 수 없다. 꿈을 설계하고 만들어서 더 많은 사람들이 마음껏 자신들의 꿈을 추구할 수 있도록 하는 것, 그것이 오늘 나의 새로운 꿈이다. 이는 내가 몸담고 있는 한국능률협회의 가치를 실현하는 것이기도 하다.

4
Part

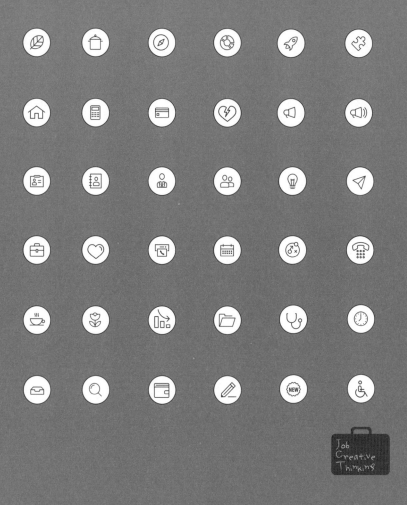

정책 제안

정책 제안에 앞서 먼저 재미난 이야기를 하나 하고 싶다.

인도네시아 세레베스섬 사람들은 원숭이를 잡아 관광객들에게 팔아 생계 수단을 삼는다. 그래서일까. 그들이 원숭이를 잡는 방법부터 꽤나 독특하다.

그 지역에는 길고 단단한 호박이 잘 자란다고 한다. 주민들은 그 호박이 어릴 때 한쪽 부분을 끈으로 묶어 다른 한쪽은 계속 성장하도록 두고 끈으로 묶인 쪽은 그다지 길게 자라지 못하도록 해놓는다.

호박이 다 자라 단단해지면 그것을 딴 후 속을 긁어낸다. 그러면 호박은 목이 좁은 호리병 모양이 된다. 주민들은 그 호박 병을 큰 나무기둥에 매달아 놓고, 그 안에 원숭이가 좋아하는 쌀을 반쯤 채워 둔다.

곧 쌀 냄새를 맡고 원숭이들이 호박 근처로 모여드는데, 그중 한 녀석이 호박 안을 살펴본 다음 손을 밀어 넣고 쌀을 움켜쥔다. 녀석의 손은 들어갈 때는 빈손이라 잘 들어갔지만 쌀을 움켜쥐면 그 손은 병목에서 절대 빠지지 않는다. 원숭이는 갖은 애를 다 써보지만 움켜쥔 쌀을 포기하지 않는 한 모든 시도가 허사다.

원숭이가 그렇게 안간힘을 쓰는 동안 주민들은 여유 있게 다가와 녀석을 잡아 통에 넣는다. 제일 우스운 건 원숭이 녀석이 그 통 안에서도 쌀을 움켜쥔 주먹을 풀지 않는다는 것이다.

이 이야기는 보기에 따라 여러 가지로 해석이 가능하다. 원숭이의 어리석은 욕심에 사람들의 마음을 비춰 보는 우화로 보기도 한다. 물론 그럴 수 있다. 그러나 나는 이 이야기를 고정관념의 어리석음, 그리고 그 위험성에 대한 은유로 보고 싶다.

난 이게 좋다, 이걸 먹겠다, 이건 내 먹이다…… 쌀을 움켜쥔 원숭이는 이러한 생각에서 한 치도 벗어나지 못했고, 행동도 그에 따라 우둔할 수밖에 없었던 것이 아닌가. 녀석은 '쌀은 내 먹이'라는 고정관념에 사로잡혀 그것이 자기를 위협하는 미끼라는 사실을 마지막까지도 깨닫지 못했다. 그랬기에 위기에서 탈출할 가장 쉽고 간단한 방법이 있었는데도 그걸 모르고 온갖 헛심만 쓰다 결국 모든 것을 망치고 말았다.

우리는 과연 어떤가. 일상에서나 회사 조직에서 혹시 저 원숭이와 같은 고정관념에 빠져 허우적댄 적은 없었던가. 최선의 지름길을 두고 아무 소용도 없는 시도만 하다 지쳐버린 적은 없었던가. 혹시 인도네시아 원숭이들은 우리들의 우스꽝스러운 자화상은 아닐까.

원숭이 사냥 이야기는, 많은 이들을 위한 정책을 만들고 그것을 실행하는 사람들이 특히 유념해야 할 일화다. 고정관념(쌀)을 최선의 해결책(먹이)으로 착각한 나머지 꼭 쥐고 놓지 않으면 원숭이는 제 한 몸 망치지만 정책에서 그런 우를 범하면 많은 이들이 함께 피해를 보기 때문이다.

자, 당장 나부터 열린 마음으로 정책 제안을 해야겠다.

공공기관 지방이전과 산학연계 인재 육성

공공 기관들이 새로 이전해 올 때 지자체와 연계해서
그 기관들의 특성을 고려한 인재 양성 과정을 만들어야 한다.

서울과 수도권에 있는 공공기관 360여 개 중 150여 개가 지방
으로 이전을 시작했다. 고용노동부도 세종시로 가고, 많은 부처가
이미 세종시로 이전했다. 수도권에 이들 기관의 업무와 연계된 인
프라가 갖춰져 있기는 하지만 지방과 나라 전체의 균형 발전을 위
한 사업의 일환이다.

이미 이전을 완료했거나 이전할 예정인 기관들의 현황을 표로
정리하면 다음과 같다. 이들 공공기관은 청년층의 취업 욕구가 높
고 사회적인 관심이 큰 곳이므로 이 지면에 빠짐없이 싣는다. 독자
들에게 좋은 참고가 되기를 희망한다.

[표] 공공기관 지방이전 리스트

이전 지역	기능군	소관 부처	기관명	이전 일자
부산	8개 기관 중 1개 기관 이전 완료	영화진흥	문화체육관광부	영상물등급위원회	2014.3
		영화진흥	문화체육관광부	게임물등급위원회	2014.3
		금융산업	국토교통부	대한주택보증(주)	2014.9
		금융산업	금융위원회	한국자산관리공사	2014.9
		금융산업	금융위원회	한국주택금융공사	2014.9
		금융산업	금융위원회	한국예탁결제원	2014.9
		기타기관	여성가족부	한국청소년상담복지개발원	2014.9
		기타기관	산업통상자원부	한국남부발전(주)	2014.9
		해양수산	국무조정실	한국해양수산개발원	2014.12
		영화진흥	문화체육관광부	영화진흥위원회	2014.12
		해양수산	해양수산부	국립수산물품질관리원	2014.12
		해양수산	해양수산부	한국해양과학기술원	2015.2
		해양수산	해양수산부	국립해양조사원	이전 완료
대구	10개 기관 중 5개 기관 이전 완료	산업진흥	산업통상자원부	한국산업단지공단	2014.1
		교육학술	교육부	한국사학진흥재단	2014.6
		기타기관	소방방재청	중앙119구조단	2014.6
		산업진흥	산업통상자원부	한국산업기술평가관리원	2014.7
		산업진흥	금융위원회	신용보증기금	2014.9
		기타기관	산업통상자원부	한국가스공사	2014.9
		교육학술	교육부	중앙교육연수원	2014.12
		기타기관	안전행정부	한국정보화진흥원	2014.12
		교육학술	교육부	한국장학재단	미정
		교육학술	교육부	한국교육학술정보원	이전 완료
		기타기관	병무청	중앙신체검사소	이전 완료
		기타기관	국토교통부	한국감정원	이전 완료
광주 전남	14개 기관 중 4개 기관 이전 완료	정보통신	방송통신위	한국방송통신전파진흥원	2013.12
		기타기관	문화체육관광부	한국콘텐츠진흥원	2014.2
		정보통신	방송통신위	국립전파연구원	2014.2
		기타기관	문화체육관광부	한국문화예술위원회	2014.3
		농업진흥	농림축산식품부	한국농수산식품유통공사	2014.4
		전력산업	산업통상자원부	한국전력거래소	2014.6
		전력산업	산업통상자원부	한전 KPS(주)	2014.8
		농업진흥	농림축산식품부	한국농어촌공사	2014.9
		전력산업	산업통상자원부	한국전력공사	2014.11
		기타기관	교육부	사립학교교직원연금공단	2014.12
		농업진흥	국무조정실	한국농촌경제연구원	2014.12
		정보통신	방송통신위	한국인터넷진흥원	2014.12
		농업진흥	농림축산식품부	농림수산식품 기술기획평가원	2015.12
		농업진흥	농림축산식품부	농식품공무원교육원	이전 완료
		정보통신	미래창조과학부	우정사업정보센터	이전 완료

이전 지역	기능군	소관 부처	기관명	이전 일자
	농업진흥	농림축산식품부	농림수산식품 기술기획평가원	2015.12
	농업진흥	농림축산식품부	농식품공무원교육원	이전 완료
	정보통신	미래창조과학부	우정사업정보센터	이전 완료
	노동복지	고용노동부	한국산업안전보건공단	2014. 2
	노동복지	고용노동부	근로복지공단	2014. 3
	에너지산업	산업통상자원부	한국동서발전㈜	2014. 4
울산	8개 기관 중 4개 기관 이전 완료	노동복지	고용노동부	한국산업인력공단	2014. 5
	에너지산업	국무조정실	에너지경제연구원	2014. 6
	에너지산업	산업통상자원부	한국석유공사	2014.10
	기타기관	안전행정부	국립재난안전연구원	2014.12
	노동복지	고용노동부	노동부고객상담센터	이전 완료
	에너지산업	산업통상자원부	에너지관리공단	조정 중
	공공서비스	안전행정부	국립과학수사연구원	2013. 8
	건강생명	보건복지부	대한적십자사	2014. 4
	공공서비스	안전행정부	한국지방행정연구원	2014. 6
	관광진흥	문화체육관광부	한국관광공사	2014.10
	자원개발	산업통상자원부	대한석탄공사	2014.10
강원 원주	10개 기관 중 2개 기관 이전 완료	공공서비스	경찰청	도로교통공단	2014.12
	관광진흥	환경부	국립공원관리공단	2014.12
	자원개발	산업통상자원부	한국광물자원공사	2015. 2
	건강생명	보건복지부	국민건강보험공단	2015. 4
	건강생명	보건복지부	건강보험심사평가원	2015. 6
	기타기관	산림청	산림항공본부	이전 완료
	건강생명	국가보훈처	한국보훈복지의료공단	이전 완료
	자원개발	산업통상자원부	한국광해관리공단	조정 중
	기타기관	산업통상자원부	기술표준원	2013.11
	기타기관	공정거래위	한국소비자원	2014. 6
	정보통신	국무조정실	정보통신정책연구원	2014. 6
	인력개발	고용노동부	한국고용정보원	2014. 7
충북	8개 기관 중 1개 기관 이전 완료	인력개발	안전행정부	중앙공무원교육원	2014.12
	인력개발	국무조정실	한국교육과정평가원	2015. 2
	인력개발	법무부	법무연수원	2015. 5
	기타기관	산업통상자원부	한국가스안전공사	이전 완료
	기타기관	미래창조과학부	한국과학기술기획평가원	조정 중
	인력개발	국무조정실	한국교육개발원	조정 중
	정보통신	미래창조과학부	정보통신산업진흥원	조정 중

이전 지역	기능군	소관 부처	기관명	이전 일자
전북 (10개 기관 중 2개 기관 이전 완료)	기타기관	산업통상자원부	한국전기안전공사	2014.3
	농업진흥	농촌진흥청	농촌진흥청	2014.7
	농업진흥	농촌진흥청	국립농업과학원	2014.7
	기타기관	미래창조과학부	한국식품연구원	2014.9
	농업진흥	농촌진흥청	국립원예특작과학원	2014.12
	농업진흥	농촌진흥청	국립식량과학원	2014.12
	농업진흥	농촌진흥청	국립축산과학원	2014.12
	기타기관	문화체육관광부	한국출판문화산업진흥원	2014.12
	농업진흥	농림축산식품부	한국농수산대학	2014.12
	국토개발	국토교통부	대한지적공사	이전 완료
	기타기관	안전행정부	지방행정연수원	이전 완료
	노동복지	보건복지부	국민연금공단	조정 중
경북 (10개 기관 중 6개 기관 이전 완료)	도로교통	국토교통부	교통안전공단	2013.12
	기타기관	법무부	대한법률구조공단	2014.1
	도로교통	국토교통부	한국도로공사	2014.3
	농업진흥	농림축산식품부	농림축산검역본부	2014.12
	기타기관	산업통상자원부	한국전력기술㈜	2015.5
	기타기관	기상청	기상통신소	이전 완료
	농업진흥	농림축산식품부	국립농산물품질관리원	이전 완료
	기타기관	조달청	조달청품질관리단	이전 완료
	기타기관	미래창조과학부	우정사업조달사무소	이전 완료
	도로교통	국토교통부	한국건설관리공사	조정 중
	농업진흥	농림축산식품부	국립종자원	조정 중
	기타기관	법무부	한국법무보호복지공단	조정 중
경남 (7개 기관 중 2개 기관 이전 완료)	기타기관	관세청	중앙관세분석소	2013.2
	산업진흥	중소기업청	중소기업진흥공단	2013.8
	기타기관	방위사업청	국방기술품질원	2013.12
	기타기관	산업통상자원부	한국남동발전㈜	2014.1
	산업진흥	산업통상자원부	한국세라믹기술원	2014.9
	산업진흥	산업통상자원부	한국산업기술시험원	2014.9
	주택건설	국토교통부	한국토지주택공사	2014.12
	주택건설	국토교통부	주택관리공단	조정 중
	주택건설	국토교통부	한국시설안전공단	조정 중
	기타기관	문화체육관광부	저작권위원회	조정 중
	기타기관	안전행정부	한국승강기안전관리원	조정 중
제주 (6개 기관 중 2개 기관 이전 완료)	인력개발	국세청	국세공무원교육원	2014.12
	공공서비스	국세청	국세청고객만족센터	2014.12
	기술연수	국세청	국세청주류면허지원센터	2014.12
	공공서비스	안전행정부	공무원연금공단	2014.12

이전 지역	기능군	소관 부처	기관명	이전 일자
	인력개발	국토교통부	국토교통인재개발원	이전 완료
	기술연수	기상청	국립기상연구소	이전 완료
	국제교류	외교부	재외동포재단	조정 중
	국제교류	외교부	한국국제교류재단	조정 중
세종	3개 기관 중 2개 기관 이전 완료	기타기관	국무조정실	국토연구원	2013.12
		기타기관	국무조정실	한국법제연구원	2013.12
		기타기관	국무조정실	한국조세연구원	2013.12
		기타기관	미래창조과학부	기초기술연구회	2014.12
		기타기관	국무조정실	경제·인문사회연구회	2014.12
		기타기관	국무조정실	과학기술정책연구원	2014.12
		기타기관	국무조정실	대외경제정책연구원	2014.12
		기타기관	국무조정실	산업연구원	2014.12
		기타기관	국무조정실	한국교통연구원	2014.12
		기타기관	국무조정실	한국노동연구원	2014.12
		기타기관	국무조정실	한국보건사회연구원	2014.12
		기타기관	국무조정실	한국직업능력개발원	2014.12
		기타기관	국무조정실	한국청소년정책연구원	2014.12
		기타기관	국무조정실	한국환경정책평가연구원	2014.12
		기타기관	미래창조과학부	산업기술연구회	2014.12
		기타기관	농림수산식품부	농림수산식품 교육문화정보원	2015. 2
		기타기관	국무조정실	한국개발연구원	이전 완료
아산		기타기관	경찰청	경찰교육원	이전 완료
		기타기관	경찰청	경찰수사연수원	이전 완료
		기타기관	교육부	국립특수교육원	이전 완료
		기타기관	경찰청	경찰대학	조정 중
천안		기타기관	관세청	관세국경관리연수원	이전 완료
논산		기타기관	국방부	국방대학교	조정 중
오송	개별 기관 (17개 기관 중 7개 기관 이전 완료)	기타기관	보건복지부	질병관리본부	이전 완료
		기타기관	보건복지부	한국보건산업진흥원	이전 완료
		기타기관	보건복지부	한국보건복지인력개발원	이전 완료
		기타기관	식품의약품안전처	식품의약품안전평가원	이전 완료
		기타기관	식품의약품안전처	식품의약품안전처	이전 완료
경주		기타기관	산업통상자원부	한국수력원자력㈜	2014.11
		기타기관	산업통상자원부	한국방사성폐기물관리공단	이전 완료
보령		기타기관	산업통상자원부	한국중부발전㈜	2014.10
태안		기타기관	산업통상자원부	한국서부발전㈜	2014.12
여수		기타기관	해양경찰청	해양경찰학교	이전 완료

출처 : 국토교통부 공공기관지방이전추진단(2014년 4월 31일 기준)

그런데 이들 기관의 이전과 관련하여 우리가 소홀히 하는 것이 있다. 인재의 충원에 관한 일이다. 이것이 원활하지 않을 때 우선 드러나는 것이 인화人和의 균열이다.

신규 인력은 아무래도 그 지역 대학에서 충원하기가 쉽다. 우선 출퇴근이 용이하고 지역민 배려 등의 채용 관습 등으로 인해 그 지방 출신 인력의 비율이 높아질 수밖에 없다. 이런 경우 아무래도 서울에서 전국 단위 규모로 뽑던 신규 인력과는 이런저런 차이가 날 수도 있다.

지방에 있던 대학의 취업준비생은 원래부터 그 공공기관이 자기 고장에 있었다면 그 기관에 입사를 염두에 두고 차분히 준비할 수 있었겠지만, 갑자기 자기 고장으로 내려온 회사에 대해서는 아무래도 연구가 부족하기 쉽다. 그러니 당장 그 회사에서 무엇을 필요로 하는지도 모른 채 입사할 수 있다. 회사 입장에서는 어떻든 그 지역 인재를 뽑지 않을 수 없는데 말이다. 한마디로 말해 준비가 부족한 인재가 회사에 들어오게 되는 것이다.

또한 기존 인재들과 신규 인력들, 기존 기업 문화와 지역 정서가 충돌할 수도 있다. 업무에 관한 소통이 원활하지 않고 기존 직원들은 지역에 대한 이해가 충분하지도 않은 상태에서 서로 간에 답답증을 느낄 수 있다. 준비가 안 된 신입들과 지역에 대한 이해가 부족한 고참 사원들 간의 이런 문제들은 시간이 해결한다고 말할 수도 있겠다. 그러나 그 시간은 곧바로 기업의 효율, 생산성과 직결된다.

우리 지역에 공공기관들이 새로 이전해 온다고 했을 때 가장 환영하며 적극적으로 대비해야 하는 곳은 바로 그 지역의 대학이다. 지자체와 연계해서 그 공공기관들의 특성을 고려한 인재 양성 과정을 빨리 만들어야 한다.

공공기관이 그 지역에 왔을 때 우선 필요한 것이 무엇인지, 많은 곳들 중에 우리 지역을 선택한 이유를 생각하여 지역 특성과 그 공공기관이 밀접하게 어우러질 수 있는 면면은 무엇인지를 연구해야 한다. 그리고 그 연구 결과를 적극 반영한 학과를 개편하거나 강좌의 폭을 넓혀야 한다.

그렇지 않고 "신난다. 우리 애들 취직자리 늘었네" 하고만 있다간 그곳에 취업한 그 학교 학생들은 기존 직원들의 텃세에 시달릴 수밖에 없다. 이것은 어느 매뉴얼에도 없지만 인간관계에 기초한 현실이다.

책임 있는 교수가 자기 지역으로 이전하는 회사에 가서 그들의 니즈를 업종별로, 직군별로 상세히 파악해야 한다. 그 특성을 강의로 연결하고, 필요한 경우 그 회사만을 위한 산학연계 시스템, 맞춤형 아카데미를 만들 수 있어야 한다.

그런데 문제는 많은 공공기관들이 전국으로 분산되어 가는 만큼 그러한 움직임과 준비가 전국 단위 규모에서 일어나야 한다는 것이다. 어느 한 지역이나 회사에서만 일어난다면 국가적 차원에서는 그리 큰 효과를 기대할 수 없다.

결국 전체를 조망하고 관할하는 중앙 컨트롤 타워가 있어야 한다. 그리고 컨트롤 타워와 조응해서 일을 해낼 지방의 전문관도 필요해진다.

지역으로 이전하는 회사도 준비가 필요하다. 지역의 특성을 잘 연구하여 이전 효과를 극대화하되, 전국 단위 기업으로서 먼 지역 인재들도 골고루 입사 지원을 하도록 하는 흡입력을 키워야 한다. 그러기 위해서는 앞의 비전스쿨 부분에서 설명한 대로 각 기관마다 CSR 예산을 효율적으로 활용하거나 전용하는 지혜가 필요하다.

일자리 창출 컨트롤 타워 신설

일자리 실무 경험이 풍부한 장관을 중심으로 똘똘 뭉쳐
효율적인 업무 시스템 속에서 원스톱으로 해나가야 한다.

"일자리는 최고의 복지다!"

이는 최근 자치단체장들이 가장 많이 쓰는 문구가 아닐까 싶다.
현 정부 들어 일자리 문제는 가장 뜨거운 이슈임에 틀림없다. 그도
그럴 것이 경기침체에 따른 실업률 증가와 고용률의 저하로 내수
경기의 침체까지 이어지고 있는 실정이다. 현 정부는 고용률 70%
달성이라는 대전제 하에 고용노동부를 필두로 지방자치단체가
함께 힘을 모아 일자리 창출에 힘쓰고 있지만 좀처럼 나아지지 못
하고 있다. 너도나도 일자리를 외치고 있지만 일자리 창출을 위해
일사불란하게 한 방향으로 나아가지 못하고 있다. 이를 지켜보면
서 일자리 창출 컨트롤 타워의 부재가 안타깝기만 하다.

혹자는 고용노동부가 일자리 창출의 컨트롤 타워가 아니냐고 반문하기도 할 것이다. 하지만 고용노동부는 시작할 때부터 일자리 창출보다는 다른 업무에 주안점을 두었다. 여기에 일자리 창출을 다루는 기관을 선진국들과 비교해보면 그런 말이 쏙 들어갈 것이다.

고용노동부의 전신이라 할 수 있는 노동청은 1963년 보건사회부 장관 소속하에 독립기관으로 신설되었으며, 근로조건 보호, 노사관계 지도라는 전통적인 노동행정의 집행 기능에 중점을 두었다. 그리고 2010년 7월 5일, 노동행정의 중심축을 노사문제에서 고용 중심으로 바꾸겠다며 고용노동부로 명칭을 변경했지만, 질적이거나 양적으로 팽창하는 일자리 창출, 근로복지, 노사관계, 임금 및 고용, 산업안전보건 등 노동행정 업무 전반을 관리하기에는 근본적인 한계를 안고 있었다. 여기에 국가고용서비스 기관인 고용지원센터는 81개로, 독일의 830개, 일본의 600개와 비교하면 10분의 1에 불과한 실정이며, 2009년 3월 현재 직원 1인당 8,293명을 담당해야 하는 현실에서 고용노동부가 일자리 관련 업무의 컨트롤 타워로서 제 역할을 할 수 있을지는 의문이다.

현재 일자리 창출과 관련해 고용노동부 외에 미래창조과학부,

안전행정부, 교육부, 그리고 광역 및 기초자치 단체에서도 많이 고민하고 있는 실정이지만 뚜렷하게 확실한 처방을 내리지 못하고 있다. 그 이유는 해당 기관에서 일하는 공무원들의 전문성에서 찾을 수 있다. 순환보직으로 자신의 전문 능력과는 상관없이 잠깐 일자리 창출 관련 업무를 보다 보니 관련 부서와 실무진들 중에 실전 전문가가 거의 없다고 해도 무방할 정도다. 순환직 보직을 맡는 공무원의 특성상 전문가가 있기가 힘들 뿐만 아니라, 설령 있다고 해도 오랜 동안 지속성을 갖고 업무를 맡기 힘든 것이 현실이다.

최근 중앙정부와는 별개로 각 지역별 지방자치단체가 일자리 창출을 위한 일자리센터를 운영하고 있으며, 혹은 중앙정부와 합동으로 고용복지 플러스센터를 준비하고 있다. 이는 반길 일이지만, 산발적으로 개설해 운영하고 있는 각 일자리센터, 고용복지 플러스센터들이 지역별 특성에 맞게 운영되고 시너지효과를 낼 수 있을지가 미지수라는 점이 문제다. 실제 업무를 보는 인력의 전문성이 떨어지는 상황에 양적 확대만으로는 일자리 창출을 위한 근본적인 문제를 해결하지 못하기 때문이다.

따라서 일자리 창출만 책임지는 새로운 부처가 만들어져야 한다. 일자리 창출을 연구하는 것이 아니라, 일자리 창출에 실무 경험이 풍부한 전문가들이 한데 모인 부처가 필요하다. 실무 경험이 풍부한 기관장을 중심으로 효율적인 업무 시스템 속에서 일사불란하게 움직일 수 있는 조직이 절실하다. 일자리 창출만을 위해 함께 고민하고, 경제 동향에 따라 민첩하게 움직일 수 있는 부처가 필요하다.

현재 고용노동부는 고용노동부 나름대로 위계와 시스템 속에서, 안전행정부는 안전행정부 나름대로 위계와 시스템 속에서 운영되기 때문에 아무리 일자리 창출이 시급하더라도 신속하게 대응하기가 어려운 실정이다. 일자리 창출을 위한 전문 부처는 관료주의를 배제하고, 청년 일자리, 노인 일자리, 주부 일자리, 퇴직 일자리 등에 관한 전문 인력을 따로 배치해 발 빠르게 움직여야 한다. 그럴 때만이 사람과 일자리의 미스매칭도 자연스럽게 해소할 수 있을 것이다.

독일의 사례를 살펴보자.

독일의 경우 연방고용청을 고객 중심의 서비스기관인 연방고용공사로 개편했다. 행정적인 업무를 대폭 간소화하고 직업 알선에 업무역량을 집중하도록 한 것이다. 민간 경영기법을 도입해 기관 및 부서 간의 경쟁을 유도하고 인센티브를 제공하는 등 업무에 제도적인 활기를 불어넣었다.

연방노동공사는 노사정이 자치를 통해 업무를 수행하는 공법상의 기관으로, 연방노동사회부의 감독을 받는다. 산하에 10개의 지역본부와 178개의 고용사무소, 660개의 출장소가 있으며, 9만여 명의 직원이 근무한다.

1년 이상의 장기 실업자는 연방고용공사와 지방자치단체가 공동으로 관여하는 합동사무소에서 관리한다. 69개 지방자치단체는 옵션 조항에 따라 전담한다.

고용과 일자리 창출에 있어 독일은 매우 체계적인 원스톱 조직을 꾸리고 있음을 알 수 있다. 우리나라가 고용 선진국으로 발돋움하려면 조직 규모 면이나 시스템 측면에서 독일의 연방노동공사는 반드시 벤치마킹해야 할 사례라고 하겠다.

지방 고용 전문관 제도

지방자치단체가 일자리정책을 지속적이고 체계적으로 하려면
지방고용정책 전문관 제도를 시급하게 도입해야 한다.

오늘날 국민들의 소득수준이 높아지고 그에 따라 의식수준 역
시 향상되면서 민간 부문에서 전문화된 고품질의 공공서비스에
대한 수요가 급증하고 있다. 한마디로 공공서비스에 대한 국민들
의 눈높이가 엄청나게 높아졌다는 것이다. 이러한 수요에 발맞추
기 위해서는 이제까지와는 다른 시스템이 필요해졌다.

또한 복잡다단하고 급변하는 국제 환경 속에서 신속한 대응은
일의 성패를 좌우한다. 공무원이 고도의 전문성을 갖추지 않으면
안 되는 이유이기도 하다.

일자리 창출 부문에서는 특히 그러하다. 전문가의 손에 의한 관
리 없이는 한 걸음도 나아가지 못하는 경우가 다른 분야보다 두드

러지기 때문이다.

그러므로 일자리 창출의 컨트롤타워와 주무 장관급 책임자가 있으면 그 밑으로는 전문관을 두어야 한다. 즉, 개개 스포츠 경기의 선수 출신 코치진이 필요한 것이다.

이에 대해서는 서울시의 사례를 살펴볼 필요가 있다.

서울시에서는 전문관 등급제를 지자체 중 처음으로 시행했다. 근무 기간이 전보 제한 기간인 3년 미만인 경우는 현행과 같이 일반 전문관으로 분류되지만, 3~5년 근무자는 책임전문관, 5~10년 근무자는 선임전문관, 10년 이상 근무자는 수석전문관으로 예우한다. 이러한 등급에 따라 전문관에게 주어지는 인센티브도 차등화 되어 있다.

전문관에 대한 직무 역량 교육 지원도 확대해, 전문관은 모든 국내외 교육에서 우선권을 가진다. 특히 책임전문관 이상은 일반 직원과 달리 자기주도형 교육 지원을 받을 수 있다. 전문관이 본인의 전문 직위 수행을 위해 민간 교육기관 프로그램에 참여하거나 민간 연구소 등에 체험연수를 원할 경우, 그리고 국내외 전문가들의 세미나나 학회 등에 참석하고자 할 경우 국내외를 막론하고 그에 따른 교육비 전액을 실비로 지원한다.

전문관의 승진과 근무평점 우대를 위한 구체적인 기준도 마련되어 있다. 전문관이 승진임용 2배수 내에 진입할 경우 인사위원회에 우선 추천된다. 또한 전문관에 대한 근무평점 우대 기준이 관련 지침에 명문화된다.

지방자치단체의 일자리정책이 지속성을 갖고 체계적으로 발전하기 위해서는 서울시의 전문관 제도와 유사한 형태로 지방고용정책 전문관 제도 도입이 시급하다. 그것이 공무원 순환보직제도의 문제점을 개선할 수 있는 방안이다.

시간제 일자리에 대하여

취지와 달리 짬 날 때 하는 일이라는 우려에서 벗어날 수 없다.
해결책은 새로운 직업 개발과 그에 따른 일자리 창출이다.

고용률을 높이기 위해서는 시간제 일자리의 확충도 필요하다.
시간제 일자리 확충은 고용률 상승이라는 숫자의 문제일 뿐 아니
라 서민들의 실질적 생활조건 향상, 삶의 질 향상을 위해서도 반드
시 짚고 넘어가야 할 사안이다.

독일과 네덜란드의 경우 고용률이 70%를 넘어갈 수 있었던 데
는 여러 이유가 있지만, 그중 한 가지가 시간제 일자리의 확충과
안정적인 운용이었다.

시간제 일자리의 안정을 위해 우선 해결해야 할 것이 저임금 조
정이다. 네덜란드는 특히 시간제 일자리를 통해 고용률 70%를 넘
긴 대표적인 국가인데, 이곳의 시간당 임금은 16, 17달러 수준에

이른다. 우리나라는 그 절반 정도에도 미치지 못하는 금액으로 운용하려다 보니 여러 문제점과 그에 따른 저항이 생기는 것이 사실이다. 우리나라는 OECD 국가 중 저임금 노동자 비율이 최고 수준에 이르고 있다. 이는 민간 소비를 위축시켜 잠재성장률 악화의 또 다른 원인이 되고 있다.

상황이 이런데도 불구하고 왜 적당한 수준에서 임금 조절이 안되는 걸까?

그것은 한마디로 당장의 이해관계 충돌에서 기인한다. 우선 경영자 단체에서 거부한다. 이들을 정부 차원에서 설득하고 조율한다고 해도 그 다음에는 더 문제 되는 이들이 있다. 소상공인들이다. 자본이 넉넉하지도 않은 상황에서 꾸려가는 사업인지라 최저임금이 오르면 당장 눈에 띄는 타격을 받을 수 있다. 그 때문에 최저임금을 정하는 노사정위원회의 최저임금위원회에서는 거의 늘 노동계에서 원하는 만큼의 임금 상승이 되지 않는 것이다.

이를 해결하려면 정부의 다각적이고도 장기적인 정책 외에는 달리 방법이 없어 보인다. 지역별, 지자체별로 관련 산업도 다르고 그에 따라 최저임금도 각각 차이 나는데, 이런 경우 조례로 해결하는 방법도 생각해볼 만하다.

그러나 무엇보다 중앙정부 차원에서 법적, 제도적인 시스템을

고민해야 한다. 외국의 모범 사례를 적극적으로 벤치마킹하는 것
도 필요하다.

독일에서는 시간제 일자리를 잡페어링job faring이라고도 한다.
잡페어링은 1인당 노동시간을 줄이고 고용자 수는 늘리는 것이
다. 이렇게 하면 1인당 벌어갈 수 있는 수입은 줄어들지만 고용률
상승 효과를 기대할 수는 있다. 고용률 상승은 곧 보다 많은 사람
들이 일을 하고 있다는 의미이므로 말 그대로 일종의 나눠먹기라
고 할 수 있겠다. 수입의 하향평준화가 아니냐고 반발할 수도 있지
만, 이에 대한 보완책으로 독일에서는 시간제 근무를 1년 이상 한
사람은 그 뒤에 자기 노동시간을 조정할 수 있는 권리를 법으로 보
장하고 있다.

덴마크와 네덜란드의 노동시장 유연안정성 정책도 깊이 있게
연구하고 보다 적극적으로 도입할 필요가 있어 보인다.

덴마크와 네덜란드의 유연안정성 정책이란 유연성과 안정성을
결합한 정책을 말하는데, 기업들이 해고를 쉽게 할 수 있도록 노동
시장의 유연성을 높이고, 그런 한편으로는 실업급여와 기간을 충
분히 주어서 실업자들이 재취업을 쉽게 할 수 있도록 정부가 여러
모로 도와주는 제도다.

이 제도가 이상적으로 작동한다면 기업들은 불경기 때 쉽게 해고할 수 있고 호경기 때는 적극적으로 정규직을 고용할 수 있다. 노동자들은 먼저 받던 임금의 90% 가까운 금액을 실업급여로 최장 4년까지 받을 수 있고 언제든 재취업이 용이하기 때문에 신분의 불안감을 크게 느끼지 않는다. 따라서 소비가 위축되지 않는다. 실제로 덴마크는 1994년 이 제도를 도입하고 적용해 유럽에서 가장 낮은 수준의 실업률을 달성했다. 또한 덴마크는 실업 상태라 하더라도 교육이나 의료, 주거 등 기초생활 부문에서 개인의 부담이 적은 복지국가라는 점도 감안해야 한다.

그러나 이러한 시간제 일자리 확충과 안정화는 고용률 상승과 보다 많은 이들의 실업 해소라는 취지는 좋지만 결국은 짬 날 때 하는 일이라는 면을 벗어날 수 없어 보인다. 결국 제대로 된 해결책은 새로운 직업 개발과 그에 따른 일자리 창출이다. 그만큼 효과적이고 강력한 것은 없다.

성적이 아니라 적성으로 가야 할

특성화고

고교 직업교육과 진로 연계 시스템 확립은 멀리 보면
청년취업률을 높이는 기폭제가 될 수 있다.

우리나라에는 세 가지 종류의 고등학교가 있다. 일반 인문계고, 과학고나 외국어고 등의 특수목적고, 그리고 특성화고 및 마이스 터고다. 이 특성화고는 자칫 특수목적고, 즉 특목고와 헷갈릴 수도 있지만 다르다. 달라도 그냥 다른 것이 아니라 완전히 다르다. 특 목고가 높은 성적을 앞세워 가야 하는 대표적인 고등학교라면 특 성화고는 성적보다는 적성을 따라 가야 하는 곳이다.

특성화고는 학생 개인의 적성을 고려하여 해당 진로를 결정하 고, 미리 전문적인 교육을 받아 그 분야의 전문 인재로 양성되는 고등학교다. 그러므로 학생 본인의 장래 희망과 적성이 무엇보다 중요하다.

특성화고는 크게 전산 및 인터넷 분야, 예술 및 체육 분야, 회계 및 정보 분야, 관광 및 미용 분야 등으로 나눌 수 있다. 더 자세하게 말하자면 농업, 제조, 디자인, 컴퓨터 및 정보 처리, 요리, 제과, 관광, 만화, 영상, 애니메이션, 의상, 미용, 전통 공예 등으로 구분할 수 있다. 이러한 분야에서 교육 과정을 마치고 관련 일자리를 찾는 것이다.

먼저, 전산 및 인터넷 분야 특성화고는 IT 소프트웨어 분야의 기초를 확고히 하고, 로봇의 제작 및 제어 실습을 통해 종합적이며 자기 주도적 문제해결능력을 갖춘 창의적인 전문가를 키우는 학교다. 여기에는 선린인터넷고, 서울로봇고, 수원하이텍고 등이 있다.

예술 및 체육 분야는 디자인이나 애니메이션, 영상 등 예술적으로 특화된 분야를 공부하거나 골프, 승마 등의 체육 분야를 중점적으로 익힌다. 한국애니메이션고, 예일디자인고, 서울디자인고 등이 이 분야의 고등학교다.

회계 및 정보 분야는 세무나 회계 업무를 습득하여 관련 업종으로 취업하는 경우가 많다. 정보산업고는 컴퓨터를 이용하는 각종 정보산업에 투입되어 장차 그 분야를 이끌어 갈 전문가 양성 학교다. 대동세무고, 인천정보산업고 등이 있다.

관광 및 미용 분야 특성화고는 호텔이나 관광 서비스 업종에서 요구하는 전문성을 습득하거나 헤어, 네일 등의 미용 관련 기술을 배운다. 서울관광고, 한국관광고, 경기미용고 등이 이 분야 학교들이다.

이들 외에도 경기자동차고, 선일이비즈니스고, 한국조리과학고 등 다양한 특성화 고등학교가 있다.

나는 더 많고 더 다양한 특성화 고등학교가 생겨나야 한다고 믿는다. 그것은 우리 아이들, 나아가 우리 모두의 구체적인 꿈의 실현을 위한 베이스캠프와도 같은 학교이기 때문이다.

사실 그 동안에는 이 특성화고에 회의적인 눈길을 보낼 수밖에 없었다. 졸업생들의 대학 진학률이 지나치게 높았던 것이다. 곧바로 산업현장에 투입될 수 있는 인력들이 각각의 치열한 진로 고민도 없이 무조건 대학으로 몰려간다면 특성화고의 설립 취지는 물론 교육 방향까지 유명무실해지는 것은 아닐까 싶었다.

2008년만 해도 특성화고 졸업생들 중 72.8%가 대학에 진학했을 정도다. 취업률은 19%, 2009년에는 취업률이 더 내려가 불과 16.7%였다. 그런데 현재는 2009년이 바닥이었다. 그 바닥을 찍고 특성화고 졸업생의 취업률이 반등하기 시작해 2013년도에는 40.9%에 이르렀다.

특성화고 졸업생들의 대학 진학률은 2011년에 61.5%, 2012년 50.8%, 2013년 41.6%로 내려앉아 취업률과의 격차가 급격히 좁혀졌다. 2014년 9월 현재, 교육부에 따르면 특성화고와 마스터고 졸업자의 취업률이 44.2%를 기록해, 지난해보다 3.3%포인트 증가했다. 같은 기간 진학률은 41.6%에서 38.7%로 2.9%포인트 떨어졌다. 이에 따라 특성화고와 마이스터고의 취업률이 2001년 이후 13년 만에 진학률을 앞지르기 시작한 것이다.

특히 마이스터고 등 전문계 고교의 취업은 양적 증가와 함께 질적 향상도 이루어지고 있다는 점이 눈에 띈다. 한국고용정보원에 따르면 전문계 고교 취업자의 상용직 비율이 2011년 48.8%에서 2013년 62.1%로 증가했고, 취업자의 10%가 대기업에 입사했다.

이 같은 특성화고의 정착과 취업률 향상은 정부가 고졸 취업문화 확산을 위해 교육, 취업, 근무 등 단계별로 시의적절한 정책 보완과 제도 신설을 추진하고 있기 때문으로 보인다. 현재 교육부는 선취학 후진학 제도, 고졸 기능 및 기술 인재 국비 유학생 선발, 글로벌 현장학습 기회 제공 등의 고졸 취업 지원정책을 펼치고 있다. 아울러 고용노동부는 청년인턴사업 고졸 참여 확대를 추진하고 있다. 안전행정부와 기획재정부, 보건복지부 등 정부 부처들도 고교 직업교육 강화를 위한 지원정책을 시행 중이다.

이 같은 고교 직업교육과 진로 연계 시스템 확립은 멀리 보면 청년취업률을 높이는 기폭제가 될 수 있다. 그런 면에서 나는 고교 취업교육에 들이는 정부의 노력에 아낌없는 박수를 보내고 싶다.

그러나 특성화고 정책에도 문제점이 없는 것은 아니다. 이러한 문제점이 고교 직업교육 확대에 걸림돌이 되고 있다.

우선 초중등교육법 시행령 81조에 따라 특성화고에 지원할 수 있는 기회가 한 번으로 제한되어 있어, 고졸 우수 인력의 노동시장 진입을 가로막고 있다. 교육부에 따르면 특성화고 입시전형 탈락자 수는 2012년 1만 6,582명에서 지난해 1만 8,983명으로 증가했다.

그런데 그보다 더 큰 문제가 있다. 특성화고 입학전형에서 교과성적이 차지하는 비중이 너무 높은 것이다. 성적 외의 해당 분야에 대한 관심과 적성을 고려하지 못하고 있을 정도다. 내신 반영 비중이 100%, 80%인 특성화고도 많다. 일선 학교 교사들은 이러한 내신 반영 비율 때문에 특성화고 진학을 지도할 때 애를 먹고 있다고한다. 그럴 수밖에.

성적은 좀 처지지만 컴퓨터는 천재급으로 다루는 학생이 내신비율이 저렇게 높은 줄도 모르고 IT 특성화고에 가겠다고 의욕에 부풀어 상담해오면 교사는 그 제자에게 얼마나 난감할 것인가.

이를 생각하면 답답하고 개탄스럽다. 고교교육도 탁상공론으로 흘러가나 싶은 우려도 든다.

교육부는 성적 외의 다양한 기준으로 입학생을 선발하는 '취업희망자 특별전형' 비율을 2014년 10.9%로 확대할 계획이지만, 서울시 교육청을 비롯한 몇 개 교육청만 이를 지키며 시행하고 있는 정도에 그치고 있다. 이것이 현실이다.

특성화고는 적성과 다양한 소질, 의욕, 장래에 대한 포부 등이 성적만큼, 아니 성적 이상으로 중요한 입학전형 요건이 되어야 한다. 이는 너무도 당연해서 새삼 말하기도 어색하고 부끄러울 정도다.

특히, 특성화고등학교 문제점을 크게 보면 세 가지로 압축해서 말할 수 있다.

첫째, 취업률 조사에 문제가 있다. 취업조사는 4월 1일자로 조사를 시행하고 있는데, 3년간 전문 교과를 배워 전혀 연관성 없는 직종으로 취직하는 것도 취업했다고 나타낸다.

둘째, 학부모의 인식과 담임교사의 문제다. 취업률로 학교 예산이나 학교평가를 하다 보니 학교에서는 학생들의 흥미와 적성을 고려하기보다는 4대보험이 되는 직장을 강조하는 실정이다. 학부모 또한 자녀의 흥미와 적성을 고려하기보다는 대기업 등 이름 있는 기업에 취업하기를 권하고 있다.

셋째, 기업의 산업현장의 인식에 문제가 있다. 저임금 노동 착취라는 말이 나올 정도로 고졸 취업자에 대한 부정적 인식이 팽배하다. 현재는 특성화고가 대한민국에 뿌리내리기 위해서 결국 피해갈 수 없는 문제인 것이다.

이러한 문제점들을 해결하기 위해서는 지금까지 과오를 인정하고 겸허히 받아들여, 학생도 살고 학교도 살고 기업도 사는 중장기 특성화 전략이 필요하다. 또한 특성화고등학교가 아닌, 특성화가 살아야하고 특성화고등학교에 대한 정보나 프로그램 등 그에 맞는 교육을 중학교 때부터 알려줘서 대학 입시가 전부가 아닌, 개인의 적성과 개인의 꿈을 위한 선택의 기회가 주어져야 한다.

그리고 산업체 직무분석을 통해서 고졸수요와 산업수요가 있는 곳에 특성화고를 선정하고 동일계열 취업을 할 수 있도록 해야 할 것이다.

학벌중심사회에서 능력중심사회로 가는 가장 중요한 실천이기 때문이다.

사회적 기업의 허와 실

혁신적이고 적극적인 경영 마인드로 운영해서
이익을 내고 사회적 목적도 실현하기를 기대한다.

　　최근 중앙정부에서는 고용 창출과 지역 활성화를 위한 새로운
주체로 사회적 기업을 육성하고 있다. 특히 박근혜정부는 2017년
까지 사회적 기업 3,000개를 육성하고 이 분야에서 일자리 10만
개 창출로써 고용률 70%를 달성하겠다는 야심찬 계획을 추진하
고 있다. 현재 우리나리의 사회적 기업은 2014년 9월 말을 기준으
로 1,165개를 넘은 상황이다.
　　우선 사회적 기업의 현실과 진단에 앞서 사회적 기업의 의미를
사전적으로 정의해보면 다음과 같다.

　　• 취약 계층에게 사회서비스 또는 일자리를 제공하거나 지역사

회에 공헌함으로써 지역 주민의 삶의 질을 높이는 등의 사회적
목적을 추구하면서 재회 및 서비스의 생산, 판매 등 영업활동을
하는 기업
- 주주나 소유자를 위한 이윤 극대화를 추구하기보다는, 사회적
목적을 우선적으로 추구하면서 이를 위해 이윤을 사업 또는 지
역 공동체에 다시 투자하는 기업

취지로 판단한다면 이보다 좋은 기업은 없어 보인다.

장애인이나 노인, 경력단절 여성, 저학력자 등 사회적으로 취약
한 계층을 고용한다는 것부터 적극적인 복지의 의미가 포함되어
있다 할 것이다. 주식회사에 취업하기 어려운 그들을 고용해 이익
만을 목적으로 하지 않고 더불어 살아가는 사회, 나눔의 사회, 공
생의 사회를 지향하는 기업 활동을 편다는 것은 복지 차원을 넘어
이상적인 가치의 실현이라고도 할 수 있다.

국내나 해외를 살펴보면 몇몇 성공한 사회적 기업의 사례를 볼
수 있다. 국내에는 '돈이 없어서 듣지 못하는 외로운 사람이 없는
세상'을 목표로 저소득층을 위한 보청기를 보급하고 있는 딜라이
트 보청기나 공정무역과 자원의 재활용을 추구하는 아름다운가
게 등이 있다. 더 넓게 보면 외국의 경우, 극빈층 시각장애인들에

게 시력을 찾아주는 인도의 아라빈드 안과병원이나 장애인, 노숙인 등의 취약 계층에게 자립 기회를 제공하기 위한 루비콘 등이 있다.

정부 차원에서는 이러한 성공하는 사회적 기업을 육성하기 위해 직간접으로 지원하고 있으며, 사회적 기업의 영업활동에 소요되는 비용 등을 해당 업체에 직접 지급하는지 여부에 따라 직접 지원과 간접지원으로 구분해 지원하고 있다.

[표] 사회적기업 지원제도 개요

지원 제도		지원 내용
직접지원	인건비 지원	사회적 일자리사업 참여 인건비(최저임금 수준)
	전문 인력 인건비	전문 인력 채용 인건비(200만 원 한도)
	사업개발비 지원	기술개발 등을 위한 사업비(최대 7천만 원 한도)
	경영 지원	경영 · 세무 · 노무 · 회계 등 경영컨설팅 (330만 원~2천만 원 한도)
	사회보험료 지원	사업주 부담 4대 사회보험료 일부 지원(1인당 91천 원)
	세제 지원 제공	법인세 · 소득세 · 취득세 · 면허세 50% 감면(재산세 25%)
		사회적 기업에게 기부하는 금액에 지정기부금 인정
	시설비 등 지원	자금대출(미소금융, 중소기업 정책자금 등)
		국 · 공유지 임대 등 지원
	모태펀드	고용노동부 및 민간출자자 참여를 통해 펀드 조성 (2012년 40억 원)
간접지원	공공구매제도	사회적 기업의 제품이나 서비스의 우선 구매 권고
	판로 개척	온라인 상품소개 사이트 및 공동판매장 구축 · 운영

하지만 이러한 정부차원의 엄청난 지원에도 불구하고 사회적 기업의 성공 사례보다는 실패 사례가 많은 것이 우리의 현실이다. 최근 국회 환경노동위원회에서 발표한 자료에 따르면 흑자를 내는 사회적 기업은 네 곳 중 한 곳도 되지 않는 것으로 알려졌다.

왜 그럴까? 그 이유를 진단해볼 필요가 있다.

첫째, 양적 성장만을 위한 정부의 과도한 사회적 기업 지원 제도 때문이다.

앞서 확인한 바처럼 정부는 사회적 기업을 다양한 직접 또는 간접적으로 지원하고 있으며, 특히 사회적 기업의 운영에 필요한 재정적 지원과 세제 혜택 등의 직접지원을 하고 있다. 하지만 정부가 지원하는 만큼 사회적 기업이 스스로 성공적으로 운영되고, 사회에 크게 기여해야겠지만 현실은 그렇지 못한 실정이다. 대표적인 경영지표인 영업이익을 살펴보면 2007년에는 영업이익에서 흑자를 기록한 사회적 기업이 전체 업체 중 73%였으나 2009년 24.6%, 2010년 16.2%, 2011년 14.1% 등 매년 크게 하락하는 등 2011년 기준으로 약86%의 사회적 기업이 영업이익 면에서 적자를 보고 있는 것으로 나타났다.

둘째, 한시적인 인건비 지원으로 인한 '먹튀'가 문제다.

현재 사회적 기업은 한시적으로 지원되는 인건비에 지나치게 의존함으로써 정부 지원이 종료된 후에 자생력 저하와 과도한 인력 감축 등을 초래하는 재정절벽 효과를 보이고 있다. 실제로 지난 2007년 이후 사회적 기업 기업별 평균 고용인원 수를 살펴보면 2007년 49.8명이던 근로자 수가 2013년에는 22.3명까지 낮아지고 있다. 기업당 자체 고용 인원은 2009년 이후 평균 16~17명 수준에서 큰 변동이 없었으나, 정부의 인건비 지원을 통한 고용 인원이 인건비 지원 종료로 2008년 22.6명에서 2012년 6.8명으로 낮아지는 등 재정지원 중단으로 인한 고용 인원의 감소가 큰 폭으로 나타났다. 대다수의 사회적 기업들은 인건비 지원이 중단될 경우 폐업이나 일반 기업으로 전환, 인력 감축 등 '먹고 튀는' 습성을 보이고 있는 실정이다.

셋째, 사회적 기업의 다양성을 고려하지 않은 맞춤형 지원이 부재한 탓이다.

사회적 기업은 다양한 업종과 분야가 존재하고, 사회적 가치를 추구하는 유형이 다르기 때문에 각 사업별 지원 업체 선정심사나 지원금의 지원방식, 사후관리, 평가 등에 있어서 다양한 형태를 감안해서 기준을 적용하는 것이 바람직한데 현실은 그렇지 못하다. 정부의 각 지원 사업에 있어서 업종이나 분야 및 유형 등을 고려하지 않은 채 단순하고 획일적으로 지원하고 있는 것이다. 예를 들면 사회서비스 제공형 기업은 일자리 제공형 기업에 비해 대체로 수익을 내기가 더 어려운 것이 현실이지만 각 사회적 기업에 제공되는 지원은 동일한 실정이다.

넷째, 사회적 기업에 대한 사후관리 및 평가체계가 미흡하다.

현행 사회적기업육성법 제17조에 따르면 사회적 기업은 사업보고서를 매년 2회 고용노동부장관에게 제출하고, 고용노동부장관은 사업보고서를 기초로 사회적 기업의 운영을 평가할 수 있도록 하고 있다. 하지만 사회적 기업에 대해 연 2회 사업보고서를 제출하도록 하는 것 외에는 인증요건 준수 여부를 확인하거나 지원금 사용을 점검하는 등의 사후관리는 미흡한 실정이다. 일례로 2010년부터 2013년 6월까지 사회적 기업의 정부 지원금 부정수급 건수는 297건으로 31억 2천만 원이나 적발된 바 있다. 이런 현실에도 불구하고 정부 측에서는 어떠한 개선의 움직임도 보이지 않고 있는 실정이다.

이런 문제를 어떤 방식으로 해결해야 할까?

강력하게 제안하는 바이다. 사회적 기업의 인건비 지원도 물론 중요하겠지만, 그들이 스스로 자생력을 갖고 지속가능한 경영을 할 수 있도록 기업가정신을 배양할 수 있도록 해야 한다. 여러 가지 방안이 있겠지만 전문교육기관을 통한 지역별 및 업종별 맞춤형 사회적 기업 전문 인력을 양성할 것을 제안한다.

사회적 기업의 취지는 살리되, 기업 현장에서 경영은 영리기업의 마인드로 임해야 한다. 지원되는 정부 지원금에만 기대지 말고 스스로 벌어 스스로 굴러갈 수 있을 때 사회적 목적 실현도 제대로 이룰 수 있다. 그런데도 현실을 들여다보면 많은 사회적 기업들이 느슨하고 방만하게 운영되며, 정부 지원금에만 매달려 더 많은 지원을 요구하고 있는 것이 사실이다. 이는 사회적 기업이 만들어져 실제 효과를 내는 경우가 얼마나 되는지 곰곰이 살펴보면 누구나 알 수 있다.

사회적 기업이 제대로 운영되려면 전문경영인이나 해당 분야 전문가가 필요하지만 거의 전무한 실정도 이를 뒷받침한다. 기업의 성과가 나와야 급여가 올라갈 테지만 정부 지원금에만 의지하기 때문에 급여가 낮을 수밖에 없고, 그 급여로는 능력 있는 인재를 끌어올 수가 없는 노릇 아닌가.

기업의 성과가 나오지 않으면 결론적으로 실패인데, 그것을 내버려두면 쓰러지고 실업이 발생하므로 정부에서는 암암리에 지원 금액을 더 올리게 된다. 이처럼 부실의 악순환이 반복되고 있다.

사회적 기업도 자생력을 갖지 않으면 도태된다는 경각심을 일깨워주어야 한다. 자생력을 갖기 위해 부단한 노력을 기울인다면 스스로 난관을 뚫고 성공할 수 있다.

해외에서 성공한 사회적 기업의 사례를 살펴보자.

미국의 루비콘은 1973년 주립 정신병원의 폐쇄를 우려했던 지역 시민들에 의해 캘리포니아 주 리치먼드에 설립되었다. 장애인, 노숙인 등의 취약 계층에게 자립 기회를 제공하고 그들의 노동력으로 루비콘 조경, 루비콘 베이커리 등의 사업체를 운영했다.

루비콘은 주 정부의 지원 아래 시작했지만, 보조금 삭감으로 운영이 어려워지자 소규모 조경 사업 등으로 방향을 틀었다. 그 뒤 정부기관의 대규모 조경 및 관리 사업 계약을 성사시키면서 사업을 더욱 확장시켰고, 친환경적인 시공을 통해 고객들에게 큰 신뢰를 얻었다.

1986년, 장애인과 노숙자의 자활을 돕는, 직원 12명의 비영리 기관이던 루비콘은 릭 오브리가 CEO로 부임하면서 새로운 전기를 맞는다. 루비콘 베이커리 사업으로 큰 성공을 거두며 직원 수가 무려 250여 명으로 늘었고 4,000여 명의 고객도 확보했다. 근년 들어서는 16년간 이끌던 루비콘 베이커리를 매각하고 제2의 도약을 위해 서민금융업에 진출하면서 새로운 도약과 성공의 길을 모색하고 있다.

또 다른 성공 사례인 아라빈드 안과병원을 살펴보자.

아라빈드 안과병원은 백내장 수술을 전문으로 하는 곳으로, 인도의 마두라이 지역에 본부를 두고 있다. '닥터 브이'라 불리던 벤카타 스와미가 1976년에 설립했다.

백내장은 눈의 렌즈 역할을 하는 수정체가 혼탁해지는 병인데, 간단한 수술로 인공 수정체를 대체하면 시력을 쉽게 되찾을 수 있지만 인도의 극빈층에게는 이마저 꿈도 꿀 수 없는 일이었다. 그런데 아라빈드 안과병원에서는 가난한 환자들이 매일 무료로 시술을 받고 새로운 세상을 맞고 있다. 그렇게 30여 년을 지나오는 동안 아라빈드 안과병원에서 무료로 치료받은 이들은 모두 240만여 명에 달한다.

이 병원에서는 어떻게 그 많은 사람들을 무료로 시술할 수 있었을까? 든든한 후원자라도 있었을까? 혹은 정부의 전폭적인 지원을 받았을까?

아라빈드 안과병원이 무료 시술을 해올 수 있었던 데는 그들의 혁신적인 병원 운영 방식이 가장 큰 힘을 발휘했다. 가난한 이들에게 무료 시술을 해주기 위해서는 무엇보다 시술시 발생하는 비용을 낮추는 것이 관건이었는데, 병원은 이를 위해 공장의 컨베이어 벨트를 연상시키는 분업시스템을 도입했다. 최종 진단을 제외한 단순한 의료검사에는 임금이 낮은 인력을 배치했다. 그런가 하면 수술 받을 환자들을 대기시켜놓았다가 바로바로 수술 받게 함으로써 집중도를 떨어뜨리는 일 없이 작업할 수 있도록 했다. 또한 자체적으로 인공 수정체를 생산했기에 가격을 50배 이상 떨어뜨릴 수 있었다.

이와 같은 효율성을 바탕으로 부자와 가난한 이들에 대한 이원적 가격정책을 폄으로써 아라빈드 안과병원은 가난한 이들을 도우면서도 지속적인 이윤을 창출해낸다고 한다.

이처럼 정부의 지원에만 기댈 것이 아니라 혁신적이고 적극적인 경영 마인드를 갖고 기업을 운영해서 이익도 내고 사회적 목적도 실현하는 것이 핵심이다. 루비콘과 아라빈드 안과병원의 혁신적인 운영시스템은 다른 기업에서도 충분히 연구하고 벤치마킹한다면 성공적인 사회적 기업을 성공적으로 운영할 수 있을 것이다.

자생력 없이 정부의 지원금으로 기업을 운영하다가 성과도 없이 유명무실해지는 사회적 기업은 필요하지 않다. 그것은 사회적 기업이라는 애초의 취지와는 배치되는 사회악 기업이 될 수 있기 때문이다.

사회적 기업에 대해 강하게 고언했지만, 그것은 달리는 말이 더 잘 달리기를 바라는 마음 때문이다. 건강하고 바람직한 사회적 생태계의 조성과 혁신적인 운영시스템을 장착하여 성공한 사회적 기업이 많이 나오기를 바라는 순수한 마음에서다. 국내의 사회적 기업이 보다 더 발전해 우리도 루비콘이나 아라빈드 안과병원 같은 사회적 기업의 세계적 모범 사례가 되기를 바란다.

일자리 창출의 히든 챔피언
강소기업

강소기업이 튼실한 나라는 성장이 안정적이고
경제 위기가 닥쳐도 빠르게 극복하는 저력을 보인다.

정보통신 기기와 소프트웨어 그리고 인프라의 발달에 따른 시
청각 효과로 우리는 흔히 글로벌 시장은 다국적 대기업들만의 각
축장으로 인식하고 있다. 아닌 게 아니라 그들은 거의 무한하다고
느껴질 만큼의 자본을 바탕으로 다양한 상품과 고도의 마케팅 전
략을 구사하며 무차별적으로 시장을 넓혀가고 있다. 우리나라의
삼성이 그렇고 미국의 애플, 마이크로소프트 등이 그렇다.

그러나 대기업은 국가경제의 성장에는 크게 기여하지만 새로
운 일자리는 만들어내지 못하고 있다. 이는 전 세계의 공통 현상이
다. OECD 국가들의 일자리 창출 전략이 벤처창업이라는 것은 각
종 통계에서도 명확히 밝혀진 바 있다. 미국은 단 4%의 고성장 벤

처기업이 일자리의 60%를 만들고 있을 정도다.

우리나라의 경우 '중산층 몰락의 시한폭탄'이라는 자영업 창업은 세계 최고 수준인 반면, 벤처창업은 2001년 이후 OECD 국가 최상위권에서 최하위권으로 떨어진 상태다. 벤처창업 활성화는 성장과 일자리를 동시에 해결할 수 있는 길이다. 그 길을 활짝 열기 위해서는 창업자 연대보증 해소, 혁신시장 활성화, 주식 옵션 재정비, 크라우드 펀딩crowd funding 등이 추진되어야 한다.

그처럼 알토란같은 벤처기업들은 물론이고 세계무대에서 최고의 점유율을 보이면서도 일반인들에게는 거의 알려지지 않은 기업들이 많다. 절반 이상의 압도적인 시장점유율을 보이며 수출을 주도하는 이들 기업은 대기업의 그늘 속에서도 묵묵히 제 몫을 다하는 보석과도 같은 존재들이다. 무수히 많은 중간 규모의 회사, 글로벌 강소기업들이 실질적으로 세계경제를 이끈다고 할 수 있는 것이다.

독일의 경영학자 헤르만 지몬은 이러한 강소기업을 일컬어 '히든 챔피언hidden champion'이라고 지칭했다. 강소기업이란 대중에게 잘 알려져 있지는 않지만 높은 시장점유율을 보유하고 있는 수출형 중소기업을 말한다. 이름 그대로 작지만 강한 기업을 뜻한다. 그는 또한 스위스, 스웨덴, 독일 등 수출 강국들의 막강한 시장 지배력은 대기업이 아니라 경쟁력을 갖춘 중소기업, 즉 강소기업에서 나온다는 점을 강조했다.

실제로 강소기업이 튼실한 나라는 성장이 안정적이고 경제 위기가 닥쳐도 빠르게 극복하는 저력을 보인다. 반면에 대기업과 소기업 중심의 경제 구조 국가는 위기 회복 속도가 느리다. 이는 영국의 경제 전문지《이코노미스트》에서도 언급한 바 있다. 프랑스와 스페인 등이 독일이나 미국 등에 비해 위기 극복에 힘겨워 하는 이유를 강소기업 부재에서 찾고 있는 것이다.

독일의 경우를 살펴보자. 독일이 중견기업을 육성할 수 있었던 요인으로는 다음과 같은 것들을 꼽을 수 있다.

- 숙련공 양성을 위한 직업훈련학교 개설
- 정부의 R&D 투자 지원
- 정책금융공사의 수출금융 지원
- 가족기업을 위한 경영 여건 조성
- 연관 사업의 클러스터

이 같은 요인은 기실 어느 나라 정부나 실행에 옮길 수 있는 것들이며 실제로 그렇게 벤치마킹해왔지만 이상하게 독일과 같은 효과는 나오지 않았다.

왜 그럴까?《이코노미스트》의 지적을 음미해볼 만하다.

"독일의 기업문화나 중견기업 정책은 얼마든지 베끼고 따라할 수 있지만 실행 과정에서의 노하우는 쉽게 본뜰 수 없다."

중견기업을 육성하는 정책은 중앙정부가 위에서 지시하고 명령을 내리는 톱다운Top-Down 방식이 되어서는 안 된다. 중견기업 스스로가 문제점과 개선점을 찾아 지자체와 협의해나가는 바텀업Bottom-up 방식이 되어야 한다.

독일의 고용률(15~65세 기준)은 2009년 70.3%에서 2010년에는 8% 오른 71.1%, 2011년 72.5%, 2012년 72.8%를 기록해 4년 연속 꾸준히 올랐다. OECD 국가들 중 글로벌 금융위기 이후 고용률이 4년 연속 오른 나라는 독일밖에 없다.

이렇듯 독일 경제가 꾸준히 일자리를 늘릴 수 있었던 것은 견고한 중견기업이 있기에 가능했다. 이들 중견기업은 독일 전체 노동시장의 70%를 고용하고 있다.

강소기업의 든든한 역할은 우리나라에서도 빛을 발하고 있다. 일자리 창출과 경제 성장의 선봉이 되어주고 있는 것이다. 지식경제부의 한 관계자는 이렇게 말한 바 있다.

"국내외 경제의 어려움 속에서도 중견기업이 수출과 일자리 창출에 매우 중요한 역할을 하고 있다. 이는 정부의 중견기업 육성 정책에 성과가 나타나고 있는 것이다."

지식경제부의 자료에 따르면 우리나라의 중견기업은 수적으로는 0.04% 정도에 불과하지만 고용 인력은 약 82만 4,000명 선으로 총 고용 인력의 7.7%를 차지한다. 또한 2007~2011년간 고용 증가율은 5.2%(15만 1,000개 증가)로 같은 기간 대기업의 고용증가율 4.3%(20만 개 증가)를 압도하고 있다.

우리 정부는 2012년부터 '월드클래스 300 프로젝트'를 추진하고 있다. 이는 성장잠재력과 의지를 갖춘 중소·중견기업을 선정해 2020년까지 우리나라에 세계적인 기업을 300개 이상 집중 육성하겠다는 계획이다. 또한 2015년까지 중견기업 3,000개 이상 육성을 목표로 '중견기업 3000+ 프로젝트'도 발표했다.

좋은 계획이다. 두 손을 들어 환영을 할 만큼 기쁜 발표였다.

그런데 여기서 우리는 우리나라 중소기업의 실태를 살펴보지 않을 수 없다.

우선 우리나라 중소기업 현장은 인력난에 시달리고 있다. 이는 어제오늘의 문제가 아니라 고질적인 현상이다. 중소기업의 평균 인력부족률은 9.6%에 이르러 업체당 평균 2.65명의 인력이 부족한 형편이다. 5인 이상 중소기업의 부족 인원은 총 24만 명가량에 달해 있다. 원인이 무엇일까?

중소기업을 육성하고 외국의 강소기업을 벤치마킹하는 것도 시급히 필요한 일이지만 우리는 먼저 이 문제부터 진단하고 치료하지 않으면 안 될 것이다. 차분히 살펴보자.

한국고용정보원의 2013년 자료를 보면, 주요 기업의 대졸 신입사원의 나이가 남자는 평균 33.2세, 여자는 28.6세였다. 남자의 경우 대학 졸업 후 무려 6년이나 7년가량의 공백이 있다. 이렇게 첫 취업 연령이 턱없이 높아지고 대졸실업자 비율이 증가하면서 우리나라의 청년(15~29세) 고용률은 40.4%로 OECD 34개 국가 중에서 29위, 말하자면 세계 최저 수준으로 떨어졌다.

이것은 과연 젊은이들의 취업 눈높이가 너무 높은 탓일까? 만약 그렇다면 그들의 눈높이는 왜 그렇게 높아졌을까? 왜 나이 먹은 실업자가 되어가면서도 대기업 정규직이나 공무원 등 좋은 일자리 찾기만을 고집하는 것일까? 그것은 한마디로 소득 격차와 처우가 극단적으로 벌어진 노동시장 상황에서 어쩌면 당연한 일인지도 모른다.

얼마 전 잡코리아 좋은일연구소가 대기업 및 중소기업 인사 담당자 403명을 대상으로 전화 및 이메일로 설문조사한 '2014년 대졸 신입사원 평균 연봉'이 눈길을 끈다. 이에 따르면 대기업의 4년제 대학교 졸업자 신입사원 평균 연봉은 3,707만 원인 데 비해 중소기업은 2,580만 원으로 1,127만원의 차이가 났다. 공기업은 3,005만 원, 외국계 기업은 2,980만 원으로, 대기업과 중소기업의 중간 정도 수준에 위치하고 있었다.

대기업 간에도 업종 간 임금 격차는 컸다. 대기업 중에서 조선·중공업(4,300만 원)과 금융(4,189만 원) 업종의 신입사원 평균 연봉이 가장 높았고, 유통(3,308만 원), 식음료 외식(3,416만 원) 업종이 상대적으로 낮았다.

대기업의 1인당 임금을 100으로 놓고 봤을 때 중소기업의 임금 수준은 지난 2000년 55.5였다. 그런데 2010년에는 그나마도 더 떨어져 26.9가 되었다. 또 2012년 정규직 근로자의 시간당 임금이 16,403원이었던 반면에 비정규직은 10,437원이었다. 왜 우리나라가 OECD 국가들 중 저임금 노동자 비율이 최고 수준인지 짐작하게 하는 자료다. 이러한 문제를 해결하고 완화해야 우리나라에도 중견기업이 활개를 펼 수 있고, 그럴 때 건실한 경제 및 고용구조를 만들어낼 수 있을 것이다.

해결책을 생각해보자.

먼저 국내 고용 유발 효과가 낮은 몇몇 수출 대기업 위주의 성장 정책을 재고해야 한다. 서비스업 등 비제조업 부문을 육성해 새로운 일자리를 창출해야 하는 것이다.

아울러 대기업 정규직, 공무원이 되지 않더라도 급여상의 큰 격차가 나지 않도록 현재의 격차를 줄여나가야 한다. 그러기 위해서는 우선 대기업 정규직과 공무원이 되지 않아도 최소한의 생활이 가능하도록 복지 수준과 최저임금을 높이고 실업에 대비한 완충장치를 갖추어야 한다. 이를 위해서는 강력한 노사정 합의체가 필요하다.

일자리의 수요 및 공급 미스매치도 줄여야 한다. 일자리 미스매치는 정보의 미스매치, 보상의 미스매치, 수요의 부족이라는 요소로 나눠볼 수 있는데, 고용정보원 보고서에 의하면 그중 정보의 미스매치가 차지하는 비중은 5% 미만이라고 한다. 일자리 미스매치의 핵심은 정보의 문제라기보다 25% 수준의 수요 부족과 20% 수준의 구조적 문제, 즉 국가 성장과 사회적 보상구조의 문제다.

현대를 고용 없는 성장 시대라고 한다. 이에 세계 각국은 일자리 창출을 최우선 과제로 두고 혈안이 되어 있는 형국이다. 우리나라의 경우 성장세의 전반적인 둔화와 맞물려 일자리 창출은 더욱 시급한 상황이라 할 수 있다. 이러한 때 경제 성장의 '히든 챔피언'인 강소기업의 육성은 일자리를 창출하는 든든한 바탕이 되어줄 것이다.

맺음말

시인 서정주는 〈자화상〉에서 "나를 키운 건 8할이 바람"이라고 했지만 나를 키운 건 8할이 IMF였다.

나는 지금도 잊을 수 없다. 직업전환센터에 농약병과 유서를 품고 오가던 중년 혹은 초로의 수강생들. 순간순간 절망과 희망이 교차하며 흔들리던 그들의 눈빛, 그리고 한동안 나오지 않아서 전화했을 때 이미 유명을 달리했다는 소식…….

한평생 살다 보면 아무리 열심히 노력해도 운이 닿지 않거나 순간의 판단착오, 중대한 실수를 해서, 또는 IMF 사태와 같은 국가적인 사태 때문에 누구나 위기를 만날 수 있다. 또한 나이 들어 퇴직하고 정든 회사 문을 뒤로 한 채 걸어 나오는 순간, 그것은 누구라도 한번쯤은 맞이해야 할 시간이다. 언젠가는 나 역시 그렇게 된다.

그런 경우 우리는 무엇을 해야 할까? 그리고 그런 순간, 보다 당

당하고 여유롭게 회사 문을 나설 수 있기 위해서 우리가 준비해야
할 것은 무엇인가?

이런 고민에 대한 답이자 동시에 더욱 깊이 생각해볼 수 있는 글
이 하나 있다. 얼마 전 인터넷 상에서 화제가 된 어느 분의 글인데,
있는 그대로 이 지면에 소개하고 싶다. 미래를 계획하는 많은 이들
이 새겨들어야 할 교훈이, 그 글에 배어 있다.

나는 젊었을 때

정말 열심히 일했습니다.

그 결과 나는 실력을 인정받았고 존경을 받았습니다.

그 덕에 65세 때 당당한 은퇴할 수 있었죠.

그런 내가 30년 후인 95살 생일 때

얼마나 후회의 눈물을 흘렸는지 모릅니다.

내 65년의 생애는 자랑스럽고 떳떳했지만

이후 30년의 삶은 부끄럽고 후회되고 비통한 삶이었습니다.

나는 퇴직 후

'이제 다 살았다. 남은 인생은 그냥 덤이다'라는 생각으로

그저 고통 없이 죽기만을 기다렸습니다.

덧없고 희망이 없는 삶…….

그런 삶을 무려 30년이나 살았습니다.

30년의 시간은 지금 내 나이 95세로 보면……

3분의 1에 해당하는 기나긴 시간입니다.

만일 내가 퇴직할 때

앞으로 30년을 더 살 수 있다고 생각했다면

난 정말 그렇게 살지는 않았을 것입니다.

그때 나 스스로가 늙었다고, 뭔가를 시작하기엔 늦었다고

생각했던 것이 큰 잘못이었습니다.

나는 지금 95살이지만 정신이 또렷합니다.

앞으로 10년, 20년을 더 살지 모릅니다.

이제 나는 하고 싶었던 어학공부를 시작하려 합니다.

그 이유는 단 한 가지,

10년 후 맞이하게 될 105번째 생일 날!

95살 때 아무것도 시작하지 않은 것을

후회하지 않기 위해서입니다.

수명 100세 시대라는 요즘, 우리 모두의 가슴을 울리는 글이다. 그리고 평생교육, 평생직업이 왜 중요한지 새삼 곰곰이 생각해보게 한다.

수명 100세 시대와 거리가 멀었던 1950~1960년대 미국에서 커넬 샌더스라는 한 남성이 65세의 나이에 파산하고 길에서 노숙하며 자신만의 치킨 레시피 판매에 나섰다. 그때 그에게 남은 것이라고는 연금으로 받은 단돈 105달러와 낡은 포드자동차 한 대가 전부였다.

세계적인 기업 KFC는 그런 절망적인 상황에서 처음 씨가 뿌려진 것이다. 그는 판매를 위해 들어간 미국 전역의 식당 1,008곳에서 문전박대 당했고, 내쫓긴 식당의 주차장에서 도둑잠을 자기도 했다. 어느 때는 레시피만 공개하고 그 대가로 수모와 비웃음만 받은 채 나와야 했다. 하지만 그는 포기하지 않았다. 그가 첫 계약을 맺은 건 1,009번째 식당에서였다고 한다. 말이 1,009번째이지 생각해보면 너무나 아찔하지 않은가. 초인적인 끈기와 인내, 집중력이 아닐 수 없다.

그는 90세까지 살았다. 그가 만일 파산했던 65세에 '이제 모든 게 끝났다' 하고 실의에만 빠져 있었다면 어찌 되었을까? 그 이후 무려 25년간이나 얼마나 허망하고 의미 없는 나날을 보냈을까?
아마 90세까지 살지도 못했을 것이다.

"늦었다고 생각한 그 순간이 바로 가장 빠른 때다."

이 말은 우리가 흔히 말하고 듣지만, 깊이 들여다볼수록 다른 어떤 말보다 가슴에 새겨야 할 최고의 명언이 아닐 수 없다. 앞으로 삶이 얼마나 남았는지 알 수 없고, 따라서 어떤 상황, 어떤 만남들이 나를 기다릴지 모르는 것 아닌가. 시작은 언제나 지금부터 출발해야 하고, 지금이 가장 빠른 때다.

일자리 창출 전문가로서 나는 청년실업 해소뿐만 아니라 어르신들에게도 꼭 맞는 보람된 일자리를 만들어 드리고 싶다. 생각하기에 따라 실패의 경험이나 나이는 가장 억센 도전정신 혹은 도전의 도구가 될 수 있다. 그간의 연륜과 경험을 바탕으로 더 큰 꿈과 성공으로 가는 든든한 나침반이 될 수 있는 것이다.

고용률 70%가 아니라 80~90% 그리고 마침내 100% 고용률을 달성하는 그날까지, 대한민국의 모두가 즐거운 일자리에서 마음껏 자신의 일을 하며 꿈을 가꾸는 그날까지 나는 노력을 그치지 않을 것이다.

노력의 결과에 대해서는 100퍼센트 만족하지 않을 것이다. 언제까지라도 꿈을 꾸고, 그 꿈을 이루며, 또 새로운 꿈을 꾸며 살아갈 것이다. 인생은 짧다지만 뭔가 의미 있는 일을 이루어내려고 늘 마음을 가다듬고 그 이에 누구보다 매진하면 결코 짧지만은 않을 것이다. 나는 그렇게 믿고 있다.

끝으로, 스티브 잡스가 남긴 명언 한마디로 이 글을 마치려 한다.

늘 갈망하며 stay hungry
늘 우직하게 stay foolish

감사의 말

　그간 일자리 창출 본부에서 불철주야 함께 가치를 만들어 온 이형근 본부장, 김두철 · 박창욱 연구원, 정부가 주관하는 NCS, 즉 국가직무표준을 위해 몸과 마음을 다 던지다시피 일하는 임상현 센터장과 이형진 연구원, 커리어개발 시대에 대학과 기업의 미스매치를 줄이고 새로운 인재 육성에 앞장서고 있는 배용한 본부장과 이태호 연구원, 개개인의 꿈을 우리의 꿈으로, 그것을 국가의 꿈으로 재정립하며 대한민국의 미래를 만들어가는 강규형 대표전문위원, 우호진 연구원, 김미연 연구원 모두에게 이 지면을 통해 깊은 감사의 마음을 전합니다. 한국능률협회의 새로운 가치 창조를 위해 모든 역량을 바쳐 사업환경을 만들어주신 최권석 대표이사님께 고개를 숙여 감사 인사를 올립니다.
　이 분들의 노고와 땀방울은 한국능률협회의 가치를 넘어 대한민국 국민들의 가치와 행복을 실현하는 데 소중한 밑알이 될 것이라 확신합니다.

고용률 70%를 달성하기 위해 고생하시는 고용노동부 관계자 분들과 지역의 일자리 창출이 대한민국 일자리 창출이라는 목표로 지금 이 순간도 최선을 다하고 계시는 지자체 기관장님들과 일자리 창출 주무부서 공무원 분들께도 두 손 모아 감사를 드립니다. 그분들의 손끝에서 대한민국의 일자리 창출 역사가 이루어지고 있음에 경외감마저 듭니다. 부족하나마 이 책이 그분들의 노고에 작은 도움이라도 드릴 수 있다면 더 바랄 것이 없겠습니다.

나를 내조하며 응원과 격려를 아끼지 않는 사랑하는 아내에게도 고맙다는 말을 전합니다. 늘 따뜻하게 마음써주는 아내가 곁에 있기에 내가 열정적으로 일할 수 있습니다. 이 책으로 그 고마움을 전합니다.